Der Kellnerberuf.

Eine sociale Studie

von

Dr. Karl Oldenberg,
Privatdocent der Staatswissenschaften an der Universität Berlin.

Sonderabdruck aus Schmollers Jahrbuch N. F. Bd. XVII Heft 1.

Leipzig,
Verlag von Duncker & Humblot.
1893.

Vorwort.

Die folgenden Blätter wenden sich gleichzeitig an das Interesse der nächstbeteiligten Fachkreise — Kellner und Wirte — und an das große Publikum.

Außerhalb des Fachkreises suche ich diejenigen Leser, die nicht nur für das Leiden Einzelner, sondern eines ganzen Standes menschlichen Sinn und Sympathie haben. Es wird versucht, dem Leser in konkreten Zügen ein Stück socialer Frage deutlich zu machen, an dem mancher täglich, bei jedem Gang ins Wirtshaus vorüberstreift; und es wird versucht, den Zusammenhang dieser socialen Frage im kleinen mit der großen socialen Frage unserer Zeit, mit der kapitalistischen Umwälzung der Volkswirtschaft, zu verfolgen.

Die öffentliche Meinung kann gerade auf diesem socialen Gebiete praktisch wirken; vor allem in der grundlegenden Frage einer Ablösung des Trinkgelds, mit der neuerdings eifrigst experimentiert wird, aber auch in andern Stücken. Die in Frage stehenden Reformen berühren ja auch das eigene Interesse des Publikums, des Gastes erheblich. Der künftige Kellnerstand wird unter allen Umständen etwas wesentlich Anderes sein als heute. Wie ich mir die Reform denke, wird der künftige Kellner vielleicht nicht ebenso bequem sein für den Gast, aber ihm sympathischer sein.

Für den Fachmann will die Schrift mit Reformvorschlägen nicht zu aufdringlich sein. Sie will dem einsichtigen Leser die Anregung geben, auch die nur kurz angedeuteten Wege einer möglichen Reform nach seinem eigenen, vielleicht besseren Urteil weiter auszudenken, und für diese seine Meinung zu wirken.

Nach alter Erfahrung ist oft ein außerhalb des Fachs Stehender am ehesten befähigt, Standesverhältnisse unparteilich zu schildern und unter größere Gesichtspunkte zu ordnen, zumal wenn er schon die sociale Lage anderer Berufsstände kennen gelernt und durchdacht hat. Auf dieser Voraussetzung fußt der folgende Versuch. Der Verfasser ist sich wohl bewußt, daß er es nicht allen Teilen recht machen kann. Der Schilderung liegt in erster Linie ein sorgfältiges Studium der einschlägigen Literatur mit Einschluß der Fachpresse — bis herab zur socialdemokratischen — zu Grunde. Aber die Aufgabe wäre nicht lösbar gewesen ohne die entgegenkommende Unterstützung, die ich von Fachangehörigen erfahren habe; im besondern danke ich Herrn Hotel=besitzer Georg Eiben in Wildungen, der seit länger als einem Jahre keine Mühe gescheut hat, um mein Informationsmaterial zu vervollständigen. Überdies haben eine Anzahl der angesehensten Ver= treter des Wirts= und des Kellnerstandes die Freundlichkeit gehabt, vor der Drucklegung die Schrift durchzusehen. Ich werde auch für jede künftige Berichtigung oder Ergänzung dankbar sein, die man mir zukommen lassen will.

Inhaltsübersicht.

	Seite
Einleitung	1
I. Kapitel: Der deutsche Kellnerstand in Zahlen	2
II. Kapitel: Das tägliche Leben des Kellners	6
Einleitung	6
Arbeitsdauer	8
Bespeisung und Wohnung	11
III. Kapitel: Das Einkommen des Kellners und die Trinkgelderfrage	12
Lohn und Abzüge vom Lohn	13
Trinkgeld	15
Die Bewegung gegen das Trinkgeld	21
Der Ersatz des Trinkgelds	24
Die bisherigen Versuche einer Ablösung des Trinkgelds	27
Die künftige Reform	32
Das Einkommen verheirateter Kellner	38
IV. Kapitel: Die deutschen Kellnervereine und ihre Bestrebungen	39
Übersicht der bestehenden Vereine	39
Bestrebungen der Vereine	44
1. Unterstützungswesen	44
2. Lehrlingswesen	44
3. Stellenvermittlung	48
4. Strikes und öffentliche Interessenvertretung	51
Verzeichnis der benutzten Literatur	56

Auf die traurigen Verhältnisse des Kellnerstandes ist in neuerer Zeit zweimal in außerordentlicher Weise die öffentliche Aufmerksamkeit gelenkt worden. Als ein Jahr nach dem socialpolitischen kaiserlichen Erlaß, im Winter 1890/1, der Reichstag über die Sonntagsruhe der Arbeiter beriet, hatten auch die Kellner um einen allwöchentlichen Ruhetag petitioniert; der Antrag wurde von der socialdemokratischen Fraktion eingebracht, Gastwirt Stolle begründete ihn; sie wollten mit einem Wochentage zufrieden sein, nur alle vier Wochen sollte für jeden ein freier Sonntag abfallen. Die Bittsteller mußten es dann erleben, daß das schließlich am 1. Juni 1891 zustande gekommene und jetzt in der Durchführung begriffene Gesetz nicht nur von der fast allen gewerblichen Lohnarbeitern zu teil gewordenen Sonntagsruhe die vielgeplagten Kellner ausnahm, sondern sie unter ein noch ungünstigeres Ausnahmerecht stellte. Während nämlich durch § 105 g die Reichsregierung ermächtigt ist, die Sonntagsruhe auf die wenigen bisher noch ausgenommenen Gewerbe nachträglich zu erstrecken, hat der gastwirtsfreundliche Reichstag durch einen Paragraph 105 i die Kellner von dieser Chance ausgeschlossen. Die so Enttäuschten trösten sich mit einer damals vom Minister Berlepsch eröffneten Aussicht auf ein künftiges Specialgesetz, das einen regelmäßigen Ruhetag für Gastwirtsgehülfen schaffen soll; der Minister glaubte, der Bundesrat werde nicht abgeneigt sein. Der Minister erklärte dann noch zur Interpretation eines vom Bundesratskommissar Wilhelmi gethanen Ausspruchs, den ich im amtlichen Bericht nicht finde: es sei nicht ausgeschlossen, daß der Bundesrat auf Grund des § 120 e die tägliche Arbeitszeit der Gastwirtsgehülfen aus Gesundheitsgründen in maximo begrenze.

Inzwischen ist zu nutzen des § 120e im Sommer 1892 eine arbeitsstatistische Reichskommission zur Feststellung von Thatbeständen zusammengetreten; sie hat aber vor der Hand ihre vorbereitende Wirksamkeit auf Handlungsgehülfen, Müllergesellen und Bäckergesellen beschränkt.

Der zweite Anlaß reicht erheblich weiter zurück, und ist nicht gesetzgeberischer Natur. Ich meine die Agitation gegen das Trinkgeldwesen, die seit Jahrzehnten im Gange war und durch die energische Parteinahme Jherings in den Sphären der oberen Zehntausend ruchbar wurde.

Freilich, wer einmal der Lage des Kellners ein näheres Interesse geschenkt hat, der weiß, wieviel Elend und faule Zustände unter diesen gelegentlich an die Oberfläche gestiegenen Blasen verborgen liegen.

Im folgenden ist beabsichtigt, was ich an Information über diese Verhältnisse erlangen konnte, zu allgemeinerer Kenntnis zu bringen.

I.
Der deutsche Kellnerstand in Zahlen.

1. Nach der deutschen Berufszählung waren im Reiche am 5. Juni 1882 in Gast- und Schankwirtschaften 279451 Personen beschäftigt. 143373 von ihnen waren aber „Betriebsleiter", d. h. in der Regel Wirte, und nur 136078 dienende Hülfspersonen. Aber auch diese sind nur zum kleineren Teil Kellner; nicht weniger als 78300 sind weiblichen Geschlechts, teils Familienangehörige des Wirts, teils Kellnerinnen, Stubenmädchen, Köchinnen. Von diesen allen wird im folgenden nicht die Rede sein, denn gerade in der Gastwirtschaft beansprucht die Lage der Arbeiterinnen eine gesonderte Behandlung und würde zweckmäßiger im Zusammenhange der gesamten wirtschaftlichen Frauenfrage erörtert werden.

So bleiben uns 57778 männliche Arbeiter zurück[1]. Eigentlich ist auch diese Zahl noch zu hoch, denn sie schließt Portiers, Köche, Hausknechte rc. ein; doch mag es heute, zehn Jahre nach der Zählung[2], wohl annähernd soviel Kellner geben.

---

[1] Nach der gleichzeitig aufgenommenen Gewerbestatistik waren es 58172 am Zählungstage und 56044 im Jahresdurchschnitt.

[2] Als Maßstab mag dienen, daß 1880—90 der Bierverbrauch im deutschen Zollgebiet von 37,8 auf 52,4 Millionen Hektoliter stieg. Über die Zunahme der Gast- und Schankwirtschaften in Preußen vgl. Jahrbuch für Gesetzgebung rc. XIV 502. 505, und Schmoller, Zur Social- und Gewerbepolitik der Gegenwart, Leipzig 1890, S. 285 ff.

2. Die Gewerbestatistik unterscheidet noch zwischen Gasthofsgehülfen und Schankwirtschaftsgehülfen; von jenen gab es im Jahresdurchschnitt 32915, von diesen 23129.

5066 Kellner hatten noch einen andern, gelegentlichen Erwerb (davon 3587 in fremder Landwirtschaft); 10013 Angehörige anderer Berufe haben angegeben, daß sie gelegentlich kellnern.

3. Das vorhin mitgeteilte Zahlverhältnis zwischen Kellnern und Wirten schließt nicht aus, daß der Regel nach jeder Kellner nach wenigen Dienstjahren sich selbständig macht; es wären genug selbständige Wirtsposten in der Volkswirtschaft verfügbar, um jedem Kellner dieses Avancement zu ermöglichen. Allein in Wirklichkeit werden viele dieser Plätze von Leuten beschlagnahmt, die niemals Kellner gewesen sind. Es sind das teils Begründer von Winkelwirtschaften, teils aber auch an den verkehrsreichen Punkten kapitalistische Großunternehmer[1]: das Jahrhundert der größten Verkehrsfortschritte hat notwendig auch die Gast- und Schankwirtschaften stark vermehren,[2] aber zugleich ihre Konzentration zu Großbetrieben fördern müssen.

Die Gewerbestatistik von 1882 giebt von dem damaligen Stande des Großbetriebes folgendes Bild:

Betriebsumfang nach der Kopfzahl des Personals[3]	Gastwirtschaften	Zahl der Schankwirtschaften
1	57 569	49 596
2	18 050	16 323
3—5	12 603	9 850
6—10	2 403	1 764
11—50	1 056	611
51—200	15	4
über 200	—	—

Und zwar gab es im Jahresdurchschnitt Kellner:

	in Gastwirtschaften	in Schankwirtschaften
mit 1—5 Gehülfen[4]	18 924	14 842
mit mehr als 5 Gehülfen[4]	13 991	8 287

---

[1] Eiben schätzt 1889 das durchschnittliche Anlagekapital eines Gasthofs auf 200—500 000 Mark, den Jahresumschlag auf 80—300 000 Mark.

[2] Zahl der Berliner Gast- und Schankwirtsgehülfen:

1861 2301   1875 3760 (Gewerbestatistik)
1867 2733   1875 5146 (Berufsstatistik)
1871 3312   1880 5479
                         1885 6676.

[3] Männliches und weibliches Personal mit Einrechnung des Wirts.
[4] Beiderlei Geschlechts, aber ohne Einrechnung der Person des Wirts.

Ohne Zweifel wird die Konzentration der Gastwirtschaftsbetriebe erheblich beschleunigt durch ihre häufige Verbindung mit der Bierbrauerei, die zu den kapitalkräftigsten Gewerbszweigen gehört und vermöge ihrer den Großbetrieb begünstigenden Technik seit Jahrzehnten die Kapitalien in wenigen Händen zusammenhäuft. Die großen Bierpaläste, die von einer kleinen Zahl von Brauereien in allen Großstädten errichtet werden, verdrängen die kleineren; an die Stelle selbständiger Schankwirte treten angestellte Büffetiers.

Wahrscheinlich hat heute in Deutschland[1] der Großbetrieb schon eine viel breitere Basis als 1882. Leider sagt über das Tempo des vordringenden Großbetriebs die Reichsstatistik nichts aus. Für Berlin ist dagegen festgestellt worden, daß in der Kategorie Gast- und Schankwirtschaft 1880 auf je 1000 Arbeitgeber 3268 Angestellte, 1885 aber nicht weniger als 8660 Angestellte entfielen. Die absoluten Zahlen sind folgende:

		Gastwirtschaft	Schankwirtschaft
1880:	Arbeitgeber	191	1486
	Angestellte	289	5190
1885:	Arbeitgeber	81	690
	Angestellte	561	6115

4. Der englische Kanzler Thomas Morus, der erste Schilderer eines socialistischen Zukunftsstaats, läßt in seiner „Utopia" die ganze Jugend des Landes zwei Jahre lang zur landwirtschaftlichen Arbeit zwingen, während im übrigen die Berufswahl frei ist: eine unkriege=

---

[1] In England und Nordamerika sollen die Fortschritte des Großbetriebs noch rapider sein; in England speciell unter dem Einfluß der um sich greifenden Geldmacht der Getränkelieferanten. Von den 104 000 Schankstätten Englands wird behauptet, daß nur 4000 in den Händen selbständiger Wirte seien; die andern gehören unmittelbar oder mittelbar den Getränkelieferanten. Nach einer amtlichen Statistik gehören in London von 8098 Wirtschaften 2528 den Brauereien. Auf der Insel Wight gehören zwei Drittel einer Brauerei. Die Firma Greenall, Whitley & Co. besitzt 534 Konzessionen in drei Grafschaften, allein 126 in der Stadt St. Helens. George & Co. besitzen 257 Konzessionen allein in Bristol, Peter Walker & Co. 143 in Liverpool, Alfred Grooch 159 in Birmingham, Truman, Hanbury & Co. 203 in London. In Manchester werden 2054 Wirtschaften von Angestellten verwaltet, in Liverpool 2008, in Sheffield 1102, in Bristol 893. Es ist vermutlich eine Hinterlassenschaft aus feudalen Verhältnissen, wenn Mitglieder der Aristokratie, die Geistlichkeit, Parlamentarier Wirtschaften verpachten oder administrieren lassen. Das Ober-Konsistorium selbst besitzt 50 Wirtshäuser, 28 Geistliche der Staatskirche besitzen deren je 2 bis 10. 172 Mitglieder des Oberhauses besitzen zusammen 1539 Schankstätten. Vgl. Restaurant-Hotel-Revue, 4. Juni 1891, Beilage.

rische allgemeine Dienstpflicht. Spätere socialistische Utopieenschreiber haben den Gedanken aufgegriffen; die beschwerlichste Arbeit soll der Jugend zufallen; und Bellamy hat uns jüngst als Musterbeispiel dieses Jugendbienstes die Kellnerarbeit vorgeführt. Er weicht damit von der Wirklichkeit so sehr weit nicht ab; denn der Kellner ist noch heute in den meisten Fällen ein sehr junger Mann. Erst der Großbetrieb rückt seine Altersgrenze hinauf, und es wird sich erst in Zukunft allmählich zeigen, welche Verschiebung der Altersklassen er im Kellnerstande schon nach der heutigen Sachlage anrichtet. Die Alterszusammensetzung war 1882 noch immer eine sehr jugendliche:

Altersklasse	Kellner	= º/oo	Alle Erwerbsthätigen	Die Gehülfen industrieller Berufe
			verteilen sich auf die bezeichneten Altersklassen in º/oo	
unter 15 Jahren	2 367	41	23,8	30,9
von 15—20 =	15 742	272	140,2	231,6
= 20—30 =	25 046	433	253,5	320,9
= 30—40 =	9 202	159	209,0	202,6
= 40—50 =	3 242	56	168,8	121 3
= 50—60 =	1 422	25	117,0	61,2
= 60—70 =	616	11	68,8	26,5
von mehr als 70 J.	141	2	18,9	5,0
zusammen	57 778	1000	1000	1000

Bei einem so jugendlichen Durchschnittsalter wird natürlich auch die Zahl der verheirateten Kellner — verheirateten Garçons! — gering sein; aber sie ist thatsächlich doch noch viel kleiner als man erwarten sollte. Nicht mehr als 9928 Ehemänner und 609 Witwer haben sich 1882 unter den Kellnern gefunden; dagegen 47 241 Junggesellen (mit Einschluß der Geschiedenen).[1] Nimmt man die Altersgruppe zwischen dem 15. und 30. Lebensjahre für sich, so waren von diesen nur 62,3 º/oo verheiratet, während unter den gewerblichen Gehülfen im ganzen der Promillesatz 260,4 und bei allen Erwerbsthätigen männlichen Geschlechts zusammen 262,1 erreichte. Selbst in den höheren Altersklassen bleibt eine Kellnerehe noch etwas relativ seltenes; zwischen dem 30. und 40. Jahre waren 451 º/oo bei den Kellnern, 798,3 º/oo bei allen gewerblichen Gehülfen und 815,4 º/oo bei allen männlichen

---

[1] 1875 waren in den größeren Gast= und Schankwirtschaften unter 10 027 männlichen Gehülfen, die das 16. Jahr überschritten hatten, sogar nur 976 verheiratet.

Erwerbsthätigen verheiratet; zwischen dem 40. und 50. Jahre 620 °/oo, bez. 877,4 und 889,8 °/oo.

Diese langwierige Junggesellenschaft wird zum einen Teil von der Unstetigkeit und Unhäuslichkeit des Kellnerlebens bedingt sein; zugleich ist sie aber ein Ausdruck für den noch überwiegend **kleingewerblichen** Charakter des Gastwirtsgewerbes. Der lebenslängliche Lohnarbeiter heiratet so früh als die Ortssitte es erlaubt; der künftige Meister (kleingewerbliche Gehülfe) heiratet nicht gern, so lange er noch Geselle ist. Am längsten aber schiebt derjenige die Heirat auf, der bei zunehmender äußerer Schwierigkeit der Etablierung von Jahr zu Jahr seine unselbständige Stellung verlängern muß, bis er das erforderliche Anlagekapital zusammengespart hat. Das Zeitalter des beginnenden Kapitalismus würde deshalb ganz allgemein eine Zeit sinkender Heiratsziffern sein, wenn nicht andere Einflüsse diese Wirkung ausglichen. Und in dieser noch am Kleinbetrieb haftenden Übergangsperiode scheint mir das Gastwirtsgewerbe sich zu befinden.[1]

II.
Das tägliche Leben des Kellners.

Von den Lebensverhältnissen des Kellners sich ein Bild zu machen, ist bei der großen Mannigfaltigkeit von Existenzen nicht leicht, die der Kellnerstand in sich vereinigt. Obwohl es viele Kellner giebt, die bald in Hotels bald in Restaurants servieren, d. h. die sich auf sorgfältiges Servieren ebenso wie auf flottes verstehn, fühlt doch der Hotelkellner sich über seinen Kollegen vom Restaurant weit erhaben, und er steht in der That durch Sprachenkenntnis, durch Gewandtheit und durch gewählte Manieren oft weit über ihm. Die niederen Regionen des Kellnerstands aber reichen tief in die untere Schicht des Proletariats hinab, und diese untere Schicht im Kellnerstande ist heute ziemlich breit. Konnte doch ein großer Hotelbesitzer erklären, von den

---

[1] „Die Gastwirtsgehülfen versuchen es fast alle, sich selbständig zu machen. Die Arbeitsverhältnisse sind so miserabel, daß alle Kellner, wenn sie in das betreffende Alter kommen, es vorziehen, ihre Stellen zu quittieren, um den zweifelhaften Schritt zu wagen, sich auf ‚eigne Füße' zu stellen." Der Gastwirtsgehülfe, 7. Juli 1892. Nach Schmidts Beobachtungen hat jedoch nur ein Teil der Gastwirtsgehülfen das Streben, sich selbständig zu machen; nur etwa 5 % etablieren sich, nach seiner Schätzung, mit Erfolg. Nach der Hotelrevue, 30. Juli 1891, faßt die größte Zahl der Kellner, wenn auch erst mit der Zeit, den mehr oder minder festen Vorsatz, selbst Gastwirt zu werden; freilich nur wenige gelangen dazu: aber das sei überall so und werde auch hier wohl ewig so bleiben.

200 schriftlichen Anstellungsgesuchen, die ihm jährlich zugingen, seien nur etwa 10 orthographisch ziemlich richtig geschrieben. Aber die einschneidendste Scheidung ist doch die zwischen dem künftigen Principal, der nur ein paar junge Jahre seines Lebens den Frack trägt, und dem modernen lebenslänglichen Kellner. Und ich glaube, gerade darin, daß diese ungleichen Arbeitsgenossen in ein Joch gespannt werden, bis zu gewissem Grade dieselbe Behandlung erfahren, wurzelt das Hauptunglück der heutigen Kellner, insbesondere jener steigenden Zahl unter ihnen, die die Möglichkeit der selbständigen Etablierung in immer weitere Ferne rücken sehen. Der Kellnerberuf befindet sich in einem Übergangszustand, der unvermeidlich mit Leiden verknüpft ist.

Die Lehr- und Gehülfenzeit wird naturgemäß als ein unwillkommenes Durchgangsstadium angesehen, als eine kurze Leidensperiode, in der man sich tief duckt und die Wellen über sich zusammenschlagen läßt, um nachher um so sichrer sein Schäfchen ins Trockne zu bringen, — das ist der Eindruck, den ich immer wieder erhielt. Die Lehrzeit wird ausgestanden. Der Kellnerlehrling geht durch eine harte Schule; er wird geschlagen und ist nicht auf Rosen gebettet. Der ausgelernte Kellner aber erwartet mit Sehnsucht den Tag, wo er den Frack, das „verhaßte Kleidungsstück", an den Nagel hängen und seinen Bart wachsen lassen darf. Nur daß dieser Tag den meisten niemals aufgeht.

Ich weiß wohl, daß solche harte Lehr- und Wanderjahre seit alters die regelmäßige und schulgerechte Erziehung so manches Handwerkers bilden, zumal wo der Handwerker es noch regelmäßiger Weise zur Meisterschaft bringt. Aber es muß ausgesprochen werden, wie sehr dieses Los absticht gegen das Maß von Freiheit und Gleichheit, das unser einem in jungen Jahren selbstverständlich erscheint. Und wenn jetzt die moderne Entwicklung es mit sich bringt, daß der ausgewachsene und alternde Mann ebenso trainiert wird, wie früher der grüne Bursch, so ist das eine schreiende Kalamität. „Von allen den verheirateten Kellnern", schreibt der Oberkellner Albrecht, „die ich in meinem Leben kennen gelernt habe, weist ein jeder den bloßen Gedanken, seinen Sohn in seine bemütigende Karriere eintreten zu lassen, weit von sich."

Es kann auf nähere Einzelheiten erst in den folgenden Abschnitten eingegangen werden; hier sei nur zur vorläufigen Orientierung noch ein Blick auf die höhere Kellnerkarriere gerichtet.

Ein Kellner, der höher hinaus will, geht nach absolvierter Lehrzeit auf zwei Jahre nach England, um die Sprache zu lernen. Es wird behauptet, daß er dort in dem gewöhnlichsten Boardinghouse besseres Essen, bessere Behandlung und mehr Freiheit finde, als in Deutschland. Nicht selten begiebt er sich auch in den Dienst einer englischen Familie, als Hausknecht oder als Footman. Dann folgen zwei ebensolche Jahre in Frankreich. Hierauf womöglich ein Kursus in einem der Unterrichtsinstitute für Kellner, in Aberlecht bei Brüssel bei Professor Higuet oder in der Schweiz oder jetzt auch in Frankfurt. Das nächste Ziel bildet der Posten eines Oberkellners, Kassierers oder Sekretärs in einem größeren Hotel. Viel schwieriger ist der Zutritt zur Stellung eines Hoteldirektors, wenigstens in Deutschland spielt dabei Vermögen (Kaution), persönliche Empfehlung, Zufall eine große Rolle, und außerdem konkurriert hier der Kellner mit Kandidaten aus andern Berufen. Die großen Hotels haben, gleich andern Großbetrieben, vielfach zwei Direktoren, einen kaufmännischen und einen technischen. Der kaufmännische Direktor ist fast immer gelernter Kaufmann, die technische Direktion wird zwar meist Kellnern vorbehalten, aber es finden sich daneben auch frühere Portiers, Köche, ja Offiziere, Beamte, Landwirte, Schiffskapitäne. Der Eigenerwerb eines größeren Etablissements ist vollends dem von Haus aus nicht vermögenden Kellner unerschwinglich, obwohl die eigentümlichen Einkommensverhältnisse des Standes hier manches überraschende Resultat zu Tage fördern. Jedenfalls kommen solche großen Lose nur für eine verschwindende Minorität in Frage. Aber diese schmalen Chancen sind es doch, die „die Fahne des Kellnerstands hoch halten."

* * *

Es ist meine Absicht nicht, die technischen Details der Kellnerarbeit zu beschreiben, sondern nur ihre äußeren Bedingungen, die auch dem Laien verständlich sind, wenigstens demjenigen Laien, der es versteht, sich in fremde Lage zu versetzen. Es wird eine außerordentliche Leistung der Phantasie erfordert, um die ganze Härte eines Kellnerdaseins zu ermessen. Es wird erst im folgenden Kapitel der Ort sein, von der schiefen oder vielmehr krummen Stellung zu reden, in die der Kellner durch das in Deutschland herrschende Trinkgeldsystem gerät, und die natürlich auch für seine Behandlung die Maße giebt. Hier soll es sich zunächst um formale Verhältnisse, wie Arbeitszeit handeln.

Der deutsche Kellner arbeitet regelmäßigerweise 7 Tage in der

Woche und 365 Tage im Jahr. In einer Berliner Kellnerversammlung wurde kürzlich erklärt, man könne in manchen Stellungen **fünf Jahre** thätig sein, ohne jemals einen freien Sonntag. Der Arbeitstag des Kellners ist aber nicht wie in anderen Gewerben. Nach übereinstimmender Aussage der Kellner selbst dauert er 14—16, durchschnittlich in Norddeutschland nicht unter 15 Stunden, aber mitunter auch 18 und 20 Stunden. Der Tag beginnt nach Angabe des Socialdemokraten Ebert morgens um 7, 8, 9 Uhr und dauert bis in die Nacht. Mancher Kellner muß bis Mitternacht und länger servieren, und wenn er dann spät nachts noch ausschwärmt, um sich zu entschädigen, so hat man wenig Recht, über seinen „Lebenswandel" die Nase zu rümpfen.

Und diese Arbeitsdauer Tag um Tag in unverfälschter Restaurantluft, in einer von Speisegerüchen, Tabaksqualm und durch die menschliche Atmung sich stündlich verdickenden Atmosphäre, für Erwachsene wie für vierzehnjährige Lehrlinge, für junge Leute wie für Familienväter, die ihrem häuslichen Herde entfremdet werden. Erklärt sich doch Ebert bereit, „Beweise dafür anzuführen, daß viele Kellner ihre Kinder nur in schlafendem Zustande gesehen und kennen gelernt haben, wenn sie sich jahrelang in Stellung befinden".

Die Möglichkeit dieser unmenschlichen Ausbeutung wird nur durch zwei Voraussetzungen begreiflich: psychologisch, durch die Aussicht auf das Trinkgeld, das der Kellner noch in der zwölften Stunde einstreicht, und physiologisch, durch die stilleren Stunden des Tages, die eine gewisse Ausruhe erlauben. In einem Teil der Vormittagsstunden und Nachmittags von 3 bis 6 ist in den meisten Etablissements wenig zu thun, und diese Zeiten werden denn auch vom Wirte vorzugsweise gewählt, um dem Personal zu seiner Erholung „dann und wann" (wie es in einer Normalarbeitsordnung heißt) eine Freizeit zu gewähren. Aber auf diese Vergünstigungen hat der Kellner gewöhnlich kein Anrecht, und das bloße Herumstehen ist für einen Kellner, der laut Arbeitsordnung in Gegenwart auch nur eines Gastes nicht sitzen[1], sich nicht mit seinem Kollegen unterhalten, nicht rauchen und nicht lachen, nicht schlafen und sein Revier nicht verlassen darf, kein großes Glück. Wer wäre nicht schon von einem übermüdeten, schlaftrunkenen Kellner bedient worden. Glücklicherweise vermag der Mensch durch allmähliche Vervollkommnung es dahin zu bringen, daß er im Stehen schläft, aber nicht jeder lernt das: der Lehrling kann

---

[1] In Paris sitzen die Cafékellner an Gasttischen und lesen Zeitung.

es natürlich noch nicht. Eine Arbeitszeit, welche buchstäblich kaum den notdürftigen Schlaf zuläßt, schlägt alle höheren menschlichen Bedürfnisse tot, zu schweigen von dem Familienleben verheirateter Kellner.

In andern Ländern haben die Kellner es nicht viel besser, aber es finden sich doch gewisse Milderungen, die die Möglichkeit einer besseren Ordnung beweisen. In London wird die wöchentliche Arbeitszeit auf 118½ Stunden[1], von der Shop Hours Labour League die tägliche Arbeitszeit zwischen 14 und 17, auch 18 Stunden geschätzt[2], aber dafür ist die Sonntagsruhe in ziemlich weitem Umfange durchgeführt[3]. In der Schweiz sollen nach dem „Gastwirtsgehülfen" Hotelangestellte durchschnittlich 16 Stunden am Tage arbeiten, aber in mehreren Kantonen ist bereits eine Schutzgesetzgebung für die Gastwirtsgehülfen in Gang gebracht worden (in erster Linie allerdings für Kellnerinnen): Minimalschlafzeit, Ruhetag. Auch aus Australien (Victoria[4], Queensland[5]) wird übermäßige Arbeitsdauer gemeldet, und in den Vereinigten Staaten[6] sind namentlich die nicht in Fachvereinen organisierten Kellner in ähnlicher Lage, aber bereits bürgert sich daselbst die Teilung des Arbeitstages in Schichten („Wachen") ein, und auch in Frankreich soll es um die Arbeitszeit besser als in Deutschland bestellt sein.

Und freilich giebt es auch in Deutschland erfreulichere Bilder. Besonders die besseren Hotels haben wohl durchgängig ein ausgebildetes System für Ruhepausen. Das Hospiz der Berliner Stadtmission z. B., von dem noch in einem späteren Kapitel zu reden sein wird, gewährt täglich Nachmittags zwei Stunden und Sonntags entweder 3—4 Stunden Vormittags oder (vierzehntägig) von 3 Uhr bis Nachts Ausgehzeit. Ein Berliner Restaurateur (Herr M. Herzberg), früherer Kellner, der mit der socialdemokratischen Kellnerbewegung Fühlung hat, ohne selbst Socialdemokrat zu sein, hat ein noch weitergehendes Ablösungssystem durchgeführt. Er beschäftigte

---

[1] Webb and Cox, The eight hours day, London 1891, S. 72.
[2] G. Adler, Die Socialreform und der Kaufmannsstand, Leipzig 1891, S. 5.
[3] In London sind die Restaurants von 1—3 und 6—11 Uhr geöffnet. Vielfach haben die Kellner abwechselnd Sonnabend nachmittags und Sonntags frei.
[4] Webb and Cox a. a. O. S. 41.
[5] Hours of adult labour, Colonies. Ordered, by the House of Commons, to be printed, 15. march 1892, London.
[6] Vgl. z. B. Eighth Annual Report of the Bureau of Statistics of Labor of the State of New York. Albany 1891. I, 372 ff.

im vergangenen Sommer 10 Kellner, die Wochentags früh um 10 Uhr antraten; von diesen hatten jeweilig 3 du jour, und einer von ihnen bekam dafür den folgenden Tag, wenn es kein Sonntag war, ganz frei[1]. Die übrigen 7 arbeiteten nur von 8 bis 10 und von 6 bis kurz nach 11 Uhr. Herr Herzberg erklärt, er habe zwar pekuniäre Opfer gebracht, fühle sich aber entschädigt durch das Bewußtsein, daß seine Mitarbeiter am Geschäftsgewinn teilnehmen; auch habe sich sofort nach Einführung der neuen Ordnung ein ganz anderer Arbeitsgeist gezeigt. Für Kellnerinnen ist das Ablösungssystem noch in ganz andrem Maße ausgebildet, weil der Kellnerinnenprinzipal es aus besondern Gründen rentabel findet; warum sollte es nicht auch für Kellner möglich sein? Ist doch in der Kellnerzeitung „Hotel-Revue" in letzter Zeit wiederholt, u. a. auch von einem Hotelbesitzer ausgeführt worden, die große Zahl zur Verfügung stehender Aushülfskräfte und die heutige Verschwendung von Arbeitskraft durch müßiges Herumstehen lasse eine Ausdehnung der Freizeit wenigstens in größeren Geschäften unzweifelhaft zu.

Nun hat aber der Kellner regelmäßig bei seinem Prinzipal auch freie Station, die meistens freie Wohnung einschließt. Schon um die Zeit besser auszunutzen, darf der Kellner nicht zu Tische und zur Nacht nach Hause gehn, auch hat sich diese Sitte zu einer Zeit festgesetzt, wo es verheiratete Kellner noch nicht gab.

Die Kellnerlitteratur ist voll von Klagen über das Essen und die Schlafstellen. Oft, wenn nicht gewöhnlich, werden zum Essen keine besonderen Pausen bewilligt, sondern die Speisen werden in gelegentlichen Momenten hastig eingeschlungen, heiß oder kalt, wie es kommt. Es soll Gastwirte geben, die ihren Kellnern die Überbleibsel und Abfälle vorsetzen; ein verdächtiges Gemenge, der berüchtigte Kellnergulasch, „der denjenigen um so mehr anekeln muß, der den Entwicklungsgang solcher Speisereste näher kennt".

Noch allgemeiner ist die Klage über die Schlafstellen. Im „Verband" wird versichert, daß viele Prinzipale trotz aller Beschwerden die Schlafräume ihrer Angestellten selten oder nie besichtigen. Namentlich in alten Gebäuden seien die Zustände schlimm; Schmutz, mangelhaftes Mobiliar, unzureichende Wäsche, Feuchtigkeit, Ungeziefer; und am meisten leiden wieder die Lehrlinge. Besonders in Österreich schlafen die Restaurant- und Café-Kellner vielfach in den Galträumen

---

[1] Und zwar ohne, wie es anderwärts vorkommt, für den freien Tag auf seine Kosten einen Ersatzmann zu stellen.

selbst. In der Schweiz[1] schlafen nach Angabe des „Gastwirtsgehülfen" die Hotelkellner gewöhnlicher Weise in Dachkammern unter den hohlen Ziegeln, in Räumen, die nicht ventilierbar sind, in Betten, die selten gelüftet werden. Nach Zeitungsberichten läßt gegenwärtig die Polizei in mehreren preußischen Städten die Schlafstätten der Gastwirts= gehülfen revidieren; es wäre zu wünschen, daß das überall geschähe.

Auch in diesem Stücke bedeuten die großen modernen Etablisse= ments einen Fortschritt. Nicht zu reden von der Bespeisung, ist es auch, wenigstens in Berlin, ziemlich allgemein üblich, daß die Kellner größerer Restaurants auf eigene Rechnung schlafen, teilweise auch essen. Der Direktor des Hospizes der Stadtmission teilt mir mit, daß, wenn er verheiratete Kellner hätte, er diese zur Nacht ent= lassen würde, wie er auch jetzt die verheirateten Hausknechte ab= wechselnd abends 8 Uhr nach Hause gehen läßt. Die saubere und hübsche Einrichtung der dortigen Kellnerzimmer wird selbst von social= demokratischer Seite gerühmt.

Eine durchgreifende schnelle Besserung der Schlafstättenmisere kann nur die Wohnungspolizei schaffen. Vielleicht werden die Kranken= und Altersversicherungskassen darauf bringen, wenn die Polizei fort= fahren sollte, ihre Pflicht zu versäumen. Im übrigen kommen wir auf die in diesem Kapitel berührten Übelstände, soweit sie die Arbeitsdauer betreffen, im Schlußabschnitte zurück.

III.
Das Einkommen des Kellners und die Trinkgelderfrage.

So empörend die geschilderten Arbeitsverhältnisse sind, so be= rühren wir doch den schwersten Schaden des Kellnerwesens erst jetzt, indem wir unsere Aufmerksamkeit auf die Lohnverhältnisse richten. Und zwar liegt hier das Übel nicht in der Niedrigkeit des Lohnes, — wenigstens habe ich aus allen Äußerungen diesen Eindruck nicht gewinnen können —, sondern ausschließlich darin, daß auf dem euro=

---

[1] Nach K. Bücher, Die Wohnungsenquete in der Stadt Basel, Basel 1891, S. 141, sind in Basel die Arbeiter, welche in Schlafstelle gehen, durchweg besser untergebracht als diejenigen, welche beim Prinzipal wohnen, und als die Dienst= boten. „Besonders mangelhaft erfanden sich" — abgesehen von den Schlaf= räumen der Bäcker und eines Teils der weiblichen Dienstboten — „die Schlaf= stellen des Wirtschafts= und Hotelpersonals". Vgl. auch daselbst S. 150. 224. 226.

päischen Kontinente, zumal in Österreich und Deutschland, der Lohn fast gänzlich durch das Trinkgeld ersetzt worden ist.

In der That haben die socialdemokratischen Wortführer unter den Kellnern nicht so Unrecht, wenn sie bestreiten, daß der Wirt dem Kellner überhaupt Lohn zahle. Das geringe Salair, das der Kellner gewöhnlich bekommt, scheint vielfach mehr ein Mittel zu sein zur bequemeren Eintreibung gewisser Abgaben, die der Kellner an den Wirt zu entrichten hat.

Nach Ebert bekommt ein Kellner monatlich 10—20 oder 30 Mark neben freier Station, welch letztere fast immer stillschweigend hinzugedacht werden muß. Wo der Lohn höher steige, seien außerordentliche Repräsentationskosten oder auch die Bespeisung davon zu bestreiten. Auch nach dem „Pionier" bekommt ein Restaurantkellner 15 Mark. Im Hotel bekommt nach Albrecht ein Saalkellner 15, 20, 30 Mark, ein Zimmerkellner 30—50 Mark, ein Oberkellner 50—75 Mark. Selbst ein Lohnkellner im Berliner Zoologischen Garten bekommt nach dem „Vorwärts"[1] nur 60 Pfennige pro Tag.

Nun aber die Abzüge. Sie sind von erfindungsreicher Mannigfaltigkeit. Zunächst die Auslagen für die vorgeschriebene Berufstracht[2]. Sodann der Preis der Speisen und Getränke, die der Kellner über sein nicht überall auskömmliches Deputat hinaus genießt. Der Kellner muß sie meist ebenso teuer, wenn nicht teurer bezahlen wie der Gast: das alttestamentarische Wort vom dreschenden Ochsen, dem das Maul nicht zugebunden werden soll, gilt hier nicht einmal mehr für den Menschen: eine Bereicherung des Wirts, die dem Charakter des verrufenen Truck-Unfugs nahe kommt. Es wird sich meist um ein oder einige Glas Bier handeln, die dem in verdorbener und oft überhitzter Luft hart arbeitenden Kellner nicht zu verübeln sind. — Namentlich aber muß er das durch seine Hand gehende Gerät in stand halten, insbesondere für „Bruch" aufkommen, auch wenn nicht er, sondern ein Unbekannter etwas zerbrochen oder überseit gebracht hat. Diese Vorschrift ist gewiß zweckmäßig, um den Kellner zur Behutsamkeit zu erziehen; aber sie ist doch, wo sie durchgeführt wird, hart, und sie scheint außerhalb Deutschlands nicht allgemein üblich zu sein. Vollends als Mißbrauch erscheint es, wenn daneben dem Kellner ein fester Beitrag zu den Geschäftsunkosten, namentlich zur Besoldung des niederen Personals oktroyiert wird. Es liegt hier wohl

---

[1] 20. Oktober 1892.
[2] Nach dem „Pionier" „durchschnittlich 4—500 Mark jährlich".

ursprünglich die Vorstellung zu Grunde, daß die Kellner auf eigne Kosten Aushülfspersonen engagieren, um sich zu entlasten, wie das für einzelne frequente Geschäftstage auch jetzt noch in aller Form sich ereignet. So machte Ebert ein Berliner Restaurant namhaft, dessen 25 Kellner bei einem Monatsgehalt von 15 Mark (aber nicht freier Wohnung) zwar nicht für „Bruch", aber „für den Serviettenleger" täglich 0,15 Mark, „für den Messerputzer" täglich 0,10 Mark, für Menagenreinigung täglich 0,10 Mark und für jedes Kellnerbonbuch noch einmal 0,10 Mark angeschrieben bekommen, so daß von dem Gehalt beinahe nichts übrig bleibt. Dieselben Gewährsmänner nennen ein anderes Berliner Restaurant, das nur 10 Mark Monatslohn (gleichfalls ohne freie Wohnung) zahlt, die auch durch Abzüge (z. B. 0,40 Mark pro Bonbuch) fast kompensiert werden; die vier in der untern Etage servierenden Kellner zahlen aber überdies an den Liftman monatlich je 15 Mark. Nach dem Socialdemokraten Schippel zieht ein großer Berliner Restaurateur von dem 10 Mark betragenden Monatslohn ab: 4,20 Mark für den Hausdiener, 2,16 Mark für die Krankenkasse (der ganze Beitrag), 1,40 Mark für den Ersatzkellner, 10 Pfennig für jedes Bonbuch und neuerdings noch einen Beitrag für die Altersversicherung. Und dergleichen mehr.

Nun giebt es aber auch Fälle genug, in denen der Kellner von vorn herein ohne Lohn engagiert wird, wohl hauptsächlich in größeren norddeutschen[1] Städten, aber auch z. B. auf deutschen Dampfern. „In Berlin wird es nachgerade Sitte, daß der Kellner beim Antritt einer Stellung nach dem Lohne gar nicht mehr fragt." Und vielleicht ebenso groß ist die Zahl der Fälle, wo der Kellner geradezu an den Wirt eine Pacht zahlt (Pariser System). Von Hotel-Portiers und -Oberkellnern, sowie von Zahlkellnern, die in Österreich bis zu 5 % der Tageseinnahme an den Wirt abgeben, ist dies im Publikum bekannter als von gewöhnlichen Kellnern. Es kommt aber auch bei diesen nicht nur im Auslande, z. B. in Paris, Brüssel und anderen Städten Frankreichs und Belgiens, sondern auch bei uns vor; so läßt in Hannover der Inhaber eines Hotels und Restaurants sich von jedem Kellner täglich eine Mark herauszahlen.

---

[1] Bei der zweiten Lesung des letzten Arbeiterschutzgesetzes behauptete Abg. Biehl gegen einen Socialdemokraten, in Süddeutschland bekomme jeder Kellner Lohn. Die Socialdemokraten konnten dagegen nur den Fall einer Kellnerin vorbringen, die von einem Monatsgehalt von 4,50 Mark noch eine Hülfskraft zu besolden hat.

Das Trinkgeldsystem ist, wirtschaftlich angesehn, eine durchaus rationelle Form der Gewinnbeteiligung: es spornt zu besseren Leistungen, und der Mehrwert, den der Kellner auf diese Weise über sein Existenzminimum hinaus etwa bezieht, würde ohne das Trinkgeldsystem gar nicht vorhanden sein. Der Gast hätte die Annehmlichkeit einer devoten Bedienung nicht genossen und nicht bezahlt.

Die Verteilung der Trinkgeldsbeute kann übrigens nach verschiedenen Regeln vor sich gehn. Ich erwähnte schon den Modus, daß der Kellner eine feste oder prozentuale Abgabe an den Wirt zahlt, oder daß er andere Angestellte des Wirts besoldet. Hierher gehört aber auch der Fall, daß der Ober- oder Zahlkellner das ganze Trinkgeld einstreicht und dafür die andern Kellner zu besolden hat. So bekommt in Berlin in einem Wiener Café jeder Kellner vom Zahlkellner vertragsmäßig 1 Mark pro Tag, usancemäßig aber 1,50 Mark, daneben vom Cafetier das sehr hohe Monatsgehalt von 66 Mark, also im Monat zusammen 111 Mark. Die Kellner einer deutschen Dampfschiffahrtsgesellschaft bekommen kein Gehalt und auch nur einen Teil des Trinkgeldes; denn die Table-d'hote-Trinkgelder fließen dem Oberkellner zu; dafür wird jeder Kellner an dem Erlös der Eisportionen, die er an den Mann zu bringen versteht, prozentual beteiligt. In den Brüsseler Cafés hatte früher jeder Kellner einen aide zu besolden, welcher keine Trinkgelder bekam. Neuerdings besoldet der Wirt den aide, läßt sich aber von den Kellnern ein „Schürzengeld" von 1 oder 1½, auch 3 fr. zahlen und zwar täglich praenumerando. (In einem Etablissement statt des Schürzengeldes 4% des Trinkgeldes.) Für Reinhalten des Lokals halten sich daselbst viele Kellner überdies noch besondere Arbeitskräfte; auch wohnen sie auf eigne Rechnung.

Das Einkommen des einzelnen Kellners wird so zu einem ziemlich zusammengesetzten Konto, dessen durchschnittliches Resultat sich der Schätzung entzieht. Allein solange noch immer eine sehr große Zahl von Kellnern die Mittel findet, sich zu etablieren, und solange selbst von socialdemokratischer Seite, meines Wissens, kaum der Versuch gemacht worden ist, die Trinkgeldeinnahmen als unzureichend nachzuweisen[1], bleibt es mir wahrscheinlich, daß der Kellner im Durch-

---

[1] Nach dem „Pionier" ist eine tägliche Einnahme von 3½—4 Mark Trinkgeld hoch gegriffen. Ungefähr trifft diese Schätzung überein mit der Monatseinnahme Berliner Cafékellner, die oben auf 111 Mark beziffert wurde. Klaußmann giebt an, ein tüchtiger Kellner könne, wenn er an die rechte Stelle gehe, binnen kurzer Zeit ein Kapital zusammensparen, das zum Ankauf eines bestehenden kleineren Etablissements ausreiche.

schnitt zurückzulegen in der Lage sei. Bei dem gewaltigen Aufschwunge der Gastwirtschaft, den die letzten Jahrzehnte gebracht haben, ist das auch nur natürlich. In Zukunft kann es freilich sehr anders werden.

Die unheilstiftende Wirkung des Trinkgeldes liegt vielmehr nach der psychologischen Seite.

Man wird nicht leicht den Kellner überzeugen, daß das Trinkgeld nicht ganz ihm gehöre. Jede Abgabe, unter welcher Form immer, wird sein Gerechtigkeitsgefühl verletzen und sein Verhältnis zum Prinzipal verbittern. Und was der Kellner alten Stiles allenfalls über sich ergehen läßt, der im Sinne hat, künftig als Prinzipal seine Kellner ebenso zu besteuern, das ist für den lebenslänglichen Kellner ein tief verwundender Stachel.

Allein die psychologische Wirkung des Trinkgeldes ist komplizierterer Natur und muß weiter verfolgt werden.

Arbeit um Bezahlung macht gewinnsüchtig und ist darum Jahrhunderte hindurch im Altertum und Mittelalter als unanständig und seelenverderblich verurteilt worden. Das Übermaß dieses Erwerbstriebes ist noch heute verwerflich, besonders wo, wie bei dem freie Station genießenden Kellner, der Erwerb nicht der Notdurft des Lebens dient. Der gewöhnliche Lohnarbeiter, selbst der am Gewinn der Unternehmung beteiligte, wird aber entfernt nicht so vom Erwerbstrieb geplagt, wie der Trinkgeldjäger mit seiner beständigen Aufgeregtheit dieses Triebes. Selbst der Kaufmann hinterm Ladentisch denkt doch viel mehr an das Renommee und die Ehre seines Geschäfts als an die kleinen Detailgewinne, die er beim Verkauf der einzelnen Düte Kaffee macht, zumal ja bekanntlich der Gewinn keineswegs immer aus jedem einzelnen Artikel, sondern nur aus dem Gesamtumsatz resultiert. Man muß schon an die Börse gehn, um jenen lauernden geldlüsternen Blick wiederzufinden, mit dem leider so mancher Kellner, namentlich der nicht mehr ganz junge Kellner, gezeichnet ist.

Wiederum: für den Garçon mag in dem System ein nützlicher erzieherischer Sporn zur Strebsamkeit gelegen haben; für den lebenslänglichen Gastwirtsgehülfen, der nach keinem Ziel mehr zu streben hat, fällt die Rechtfertigung weg.

Das Zusammentreffen dieser Überreiztheit mit jener Unbefriedigung charakterisiert die Stimmung des Kellners. Aber die schlimmen Wirkungen des Trinkgeldes sind noch nicht erschöpft.

Während die Arbeitsgenossen einer Fabrik oder Werkstatt ein schönes Kameradschaftsgefühl pflegen, sieht der Kellner in seinem

Kollegen zugleich den Konkurrenten und sucht die ihm beste Trinkgelds=
gelegenheit, den besten Posten abzujagen. Es ist unter den Kellnern
sprichwörtlich: zwei Freunde sollen nicht in demselben Hause Stellung
nehmen.

Das Trinkgeld steht in der Mitte zwischen dem Arbeitslohn und
dem Almosen; es ist die **gemeinste** Form der Entlohnung. Darin,
daß dem Gaste die Gewährung und Abmessung des Trinkgeldes frei=
steht, scheint sich die Vorstellung auszudrücken, daß der Kellner nichts
zu beanspruchen habe, daß er von der Gnade des Publikums lebe.
Die Nötigung, sein Einkommen groschenweise einzusammeln, verstärkt
den Eindruck des Bettelhaften. Im Unterschiede von jenem pflicht=
vergessenen Richter, der mit der Zeit „schon so kleine Beträge an=
nahm, daß er sich der Unbestechlichkeit näherte", würde der Kellner,
der in die Lage gesetzt wäre, sein Trinkgeld nur in größeren Be=
trägen zu empfangen, in der Selbstachtung um eine Stufe steigen.
Erinnert doch die Spendung des Kleingeldes nur zu sehr an „die
Brocken, die von des Reichen Tische fallen". Sie reizt das Gefühl
der socialen Ungleichheit. Nur durch die langjährige Gewohnheit,
es von respektablen und nützlichen Mitgliedern der menschlichen Gesell=
schaft, nämlich von Kellnern, als regelmäßige Bezahlung ihrer Dienste
empfangen zu sehen, hat das Trinkgeld ein anständiges Renommee
bekommen, aber doch eben auf Kosten des Kellnerstandes. Der ge=
ringste Gastwirt, der seine Gäste selbst bedient, würde ein Trinkgeld
mit Empörung von sich weisen, und der Kellner weiß das sehr gut.
Der beständige Empfang von Trinkgeldern von klein auf in einer
Gesellschaft, die Trinkgelder für etwas Despektierliches ansieht, muß
die Selbstachtung verletzen.

Noch verderblicher ist aber die Rückwirkung des Trinkgeldsystems
auf den Verkehr zwischen Kellner und Gast. Auch dieses Übel, gleich
den vorigen, wird um so unerträglicher, je mehr der Kellnerdienst
aus einem Durchgangsstadium zum Lebensberufe sich umformt. Der
würdige Familienvater, der ungezählte Demütigungen einstecken und
allemal zum bösen Spiel seine dienstbeflissene Miene machen muß,
der je nach Bedarf jederzeit ein respektvolles Grinsen oder eine steinerne
Miene bereit halten muß, der sich von Jung und Alt mit beliebiger
Barschheit kommandieren lassen muß, um nirgends ein Trinkgeld zu
versäumen[1], der als beständiger Zeuge fremder Geselligkeit die ge=

---
[1] Gewisse Ausnahmen bestätigen die Regel. Der enttäuschte Trinkgeldhascher
wird zur Bestie. Geriebene Kellner haben übrigens eine förmliche Kunst heraus=
gebildet, durch individualisierende Behandlung selbst die „schlechtesten Kunden" zum
reichlichen Trinkgeldgeben zu „erziehen".

sellschaftliche Ausschließung seiner Person zehnfach empfindet, der nicht selten versucht wird, durch ein bedenkliches Maß des Entgegenkommens diejenigen wenigstens finanziell auszunutzen, die ihm menschlich so fern stehn; der solchen Einflüssen beständig ausgesetzte Kellner muß fast notwendig mit den Jahren einen Typus annehmen, der von dem normalen Menschen in seinen Anschauungen und Gefühlen wesentlich abweicht. „Nach meiner persönlichen Ansicht," sagt einer unsrer ersten Hoteliers, „hat das Trinkgeld eine eigentümliche Wirkung, es macht einen großen Teil der Empfänger zu devot, der Mann verliert an Würde, und noch lange, wenn er selbständig geworden, bleibt er seinen Gästen, anderen Gesellschaftskreisen, vor allem Behörden gegenüber in einem bestimmten, oft verkannten untergebenen Gefühl, und die Wirkung bleibt nicht aus, eine gewisse Geringschätzung." Man unterschätze auch neben den individuellen Einflüssen nicht die sociale Atmosphäre, die sich im Kellnerstande schnell genug bildet und jeden neuen Ankömmling mit ihren Anschauungen durchtränkt.

In dieser Atmosphäre wuchert denn auch begreiflich eine Schar von Unsitten und Lastern, denen eine große Zahl der schwächeren Naturen mehr oder weniger zur Beute fällt. Es mag sein, daß mancherlei Eindrücke des Wirtshauslebens diese üblen Neigungen befördern, von der Unordentlichkeit der Logiergäste angefangen, die auf den Zimmerkellner ansteckend wirkt und inbezug auf die Kellnerzimmer eine ständige Klage der Stubenmädchen bildet, bis zu den Eindrücken mannigfacher Immoralität. Jhering erzählt von Oberkellnern der vornehmsten Hotels eines Luxusbadeorts, die die Nacht durch hazardieren und den Champagner in Strömen fließen lassen. Es wird nach Schmidt behauptet, daß wenige Kellner die Riviera verlassen, ohne einmal ihr Glück in Monaco versucht zu haben. In Klaußmanns Memoiren findet man ähnliche und schlimmere Angaben passim. Schon in einem Aktenstück vom Jahre 1842 finde ich die Klage über verschwenderische Gewohnheiten der Kellner. Der Oberkellner Albrecht versichert (1883), daß von den vielen Kellnern, die die „Goldernte" der Gründerzeit mitmachten, nur äußerst wenige sich etwas gespart haben. Pfarrer Schmidt klagt nicht weniger bitter über die unter Kellnern verbreitete religiöse Frivolität und blasierte Halbbildung.

Nicht minder unerfreulich ist die Sitte des Schmierens und gegenseitigen Gewinnbeteiligens, was manchmal an Raubteilung erinnert, eine offenbare Rückwirkung des Trinkgeldsystems. Ich erwähnte schon jenen relativ harmlosen Fall, wo der Zahlkellner „usancemäßig" 1,50 Mark statt 1 Mark jedem Kellner täglich von den Trinkgeldern abgiebt. Es kommt aber auch das Umgekehrte vor. Es soll vorkommen, daß der Kellner den Oberkellner bestechen muß, um ein einträgliches Jagdrevier zu bekommen — „Revier" ist die übliche Bezeichnung für den Sprengel eines Kellners —, oder um seine teuer erkaufte Stelle nicht zu verlieren. Oder er muß das Küchen- und Kellerpersonal bedenken, im Interesse seiner Mahlzeiten.

Diese unerfreuliche Stellung des Kellners wirkt natürlich auf sein sociales Ansehen zurück. Die sociale Rangstufe des deutschen Kellners ist daher eine tiefere als z. B. seines amerikanischen Kollegen. Der Koch, der schon als Künstler auf ihn herabsieht, in manchen Gegenden noch durch Nationalitätsverschiedenheit von ihm getrennt ist, achtet ihn auch deshalb geringer, weil er kein festes Gehalt bezieht. Das Küchen- und Kellerpersonal, ja selbst der Hausknecht, steht weit eher zum Wirt in einem Vertrauensverhältnis, als der Kellner. Diese Angestellten werden zur Spionage gegen die Kellner mit Einschließung des Oberkellners benutzt. „Man steht immer mit einem Fuße draußen," schreibt Albrecht. Bei jeder Beschwerde müsse der Kellner das geflügelte Wort: „Wenns Ihnen nicht paßt, können Sie gehn", gewärtigen. Da ferner der Wirt an der Tüchtigkeit seiner Kellner infolge des Trinkgeldsystems nur in geringerem Maße interessiert ist, so verwendet er auf die Auswahl geringere Sorgfalt, die dann wieder auf die durchschnittliche Qualität der Kellner und namentlich auf die Häufigkeit des Stellenwechsels und damit auf die sittliche Haltung des Kellners zurückwirkt. „Ansässigkeit, Regelmäßigkeit des Einkommens, Gewöhnung an Personen, Örtlichkeiten und Gegenstände sind zu wichtige Momente für eine gesunde Volkserziehung, als daß der Mangel derselben bei uns sich nicht fühlbar machen sollte", so heißt es nicht ohne Berechtigung in der „Zweiten Flugschrift".

Fast ist es, als ob mit der Beseitigung des Arbeitslohnes das menschliche Verhältnis zwischen dem Kellner und seinem Prinzipal völlig zerschnitten wäre. Wer mag sich wundern, wenn der Kellner seinen Bereicherungstrieb gegen den Prinzipal kehrt? Gewiß ist es stark übertrieben, wenn ein angesehener Brüsseler Gastwirt in offner Versammlung sagte: der Kellner nehme 5 fr. Trinkgeld, um 5 fr. prelle er den Gast und um 5 fr. den Wirt; aber etwas wahres ist doch daran. Pfarrer Schmidt erzählt von einem „sehr respektablen" Oberkellner, der ihm eingestanden habe, der Kellner sei nahezu aufs Betrügen angewiesen, namentlich beim Geldwechseln an frequenten Sonntagen. Noch etwas derber äußern sich Ebert und Hoffmeyer.

Wie Pfarrer Schmidt ferner einräumt, verführt die schlechte Nahrung unter Umständen fast mit Zwang zum Naschen. „Was bleibt uns andres übrig," habe ein sonst gewissenhaftes Mädchen geäußert, „wenn wir bestehen wollen? Ich kann mich nicht mehr auf den Beinen halten ohne kräftige Nahrung: ich esse, was die Herrschaften übrig lassen."[1]

Kurz, es wirken die verschiedensten Umstände zusammen, um die Festigkeit der Grenze zwischen Mein und Dein im Geben und im Nehmen zu gefährden.

Doch ich muß noch einmal zu den unmittelbaren Folgen des Trinkgeldgebens zurückkehren. Man sagt gewöhnlich nur, daß es den Empfänger demoralisiere. Ich glaube, es ist nicht weniger schädlich von einem viel allgemeineren Gesichtspunkte, nämlich für das sittliche Verhältnis zwischen den oberen Zehntausend und der Lohnarbeiterklasse. Bei aller Vielgeschäftigkeit social wohlwollender Veranstaltungen wird immer von neuem das Fehlen persönlicher Berührungen zwischen den beiden socialen Schichten und ihre zunehmende Absonderung beklagt. Nun, das Restaurant oder Hotel ist eine von den wenigen Berührungsflächen beider Schichten. Für manchen aus den oberen Zehntausend ist sie neben den Dienstboten so ziemlich der alleinige Berührungspunkt. Die authentische Kunde, die man in den beiden Heerlagern von einander besitzt, schreibt sich ohne Zweifel zum beträchtlichen Teil von den im Restaurant empfangenen Eindrücken, seitens der oberen Klasse auch der Ton, den man dem Manne aus dem Volke gegenüber anschlägt, von den im Restaurant angenommenen Gewohnheiten her. Das Trinkgeld gewinnt so die verhängnisvolle Rolle eines socialen Erziehungsmittels. Wenn es den Kellner zu kriechendem Gehorsam erzieht, so gewöhnt es den Gast an eine Schroffheit des Kommandierens und an eine rücksichtslose Überhebung, die auf keiner anderen Berechtigung ruht als auf dem Geldbeutel.

Daß man auch ohne Trinkgeld seine Kunden bedienen lassen kann, beweist jedes kaufmännische Detailgeschäft, beweist auch speciell für die Gastwirtschaft das Ausland, namentlich das Ausland englischer Zunge. Nur der Übergang vom Alten zum Neuen, vom Trinkgeld zur anständigen Bezahlungsform, ist schwierig, aber keineswegs unmöglich.

---

[1] Man lese ferner die Hausordnung des Vereins Berliner Gasthofbesitzer, die in möglichst diskreter, aber doch unzweifelhafter Weise das Stehlen in seinen verschiedenen Formen unter besondere Strafe stellt. Und hier handelt es sich um eine Elite des Kellnerstandes. Jeder Kellner erhält die Hausordnung eingehändigt. Ein Abdruck im Vorwärts, 2. März 1892. Unverschleierter ist die Sprache einer Hausordnung, die Schippel a. a. O. S. 102 abdruckt.

Dafür sind die Erfahrungen lehrreich, die auf deutschem Boden mit Abschaffung der Trinkgelder seit Jahren gemacht worden sind als Frucht einer langjährigen agitatorischen Bewegung, mit der ich jetzt den Leser bekannt machen will.

Der Kampf gegen das Trinkgeld reicht weit zurück. Mir liegt ein Aktenstück aus dem Jahre 1842 vor, ein aus Koblenz datierter Aufruf, an „Herrn Collega" adressiert, in dem eine ad hoc zusammen= getretene Vereinigung von etwa 50 rheinischen Gastwirten zu einer am 19. November in Köln abzuhaltenden Konferenz einladet, die über Abschaffung des Kellnertrinkgeldes und Einführung fester Gehalte beraten soll. Aber dieser und andere Anläufe blieben entweder ganz ohne Erfolg, oder sie endigten mit der Einbürgerung des berüchtigten „Service", das neben dem Trinkgelde bezahlt wurde und wird. Eine neue Bewegung setzt mit den 60er und 70er Jahren ein mit der Verbreitung der Eisenbahnen und dem allgemeinen Aufschwung des Verkehrs. Namentlich datiert von dem Jahre 1877 eine nach= haltigere Agitation.

In diesem Jahre verabredeten etwa ein halbes Dutzend Schweizer Hoteliers, das Trinkgeld durch bessere Salarierung zu ersetzen (Oltener Konvention). Sie stießen auf den Widerstand der Kellner selbst. Der damals gegründete „Genfer Verband", aus dem heute die be= deutendste Vertretung der deutschen Hotelkellner geworden ist, entsprang zum teil aus dem Widerstande gegen die Neuerung. „Kein Mitglied darf in Häusern Stellung nehmen, wo das Trinkgeld abgeschafft ist, noch die= selben Reisenden zum Besuche empfehlen", so hieß es in den Statuten. Bald wurde insbesondere darüber geklagt, die Hotelgäste seien von dem neuen System so außerordentlich befriedigt, daß sie auch in andren Hotels keine Trinkgelder mehr zahlten. Andre Kellner fürchteten, bei Abschaffung des Trinkgeldes für männliche Kellner werde die weibliche Konkurrenz überhand nehmen. Von jenen Schweizer Hotels hielt schon 1883 nur noch das Hotel Schweizerhof am Schaffhausener Rheinfall, mit gewissen Beschränkungen auch Hotel Baur au Lac in Zürich, sowie Schweizerhof und Luzernerhof in Luzern die Verab= redung von 1877 aufrecht.

Aber auch der Widerstand der Kellner ließ nach. Jener Paragraph aus den Genfer Statuten fiel. 1880 ließ sich zum ersten Male aus Kellnerkreisen eine Stimme gegen das Trinkgeld vernehmen.[1] 1882 trat ein Oberkellner des genannten Schaffhausener Hotels, in Verbindung

---

[1] In der Kellner=Zeitung „Hotel=Revue".

mit Georg Eiben, dem damaligen Oberkellner eines Pariser Hotels, und andern Fachgenossen an die Öffentlichkeit mit dem Projekte einer „Vereinigung zur Bekämpfung des Trinkgeldwesens", die, aus Kellnern und Wirten zusammengesetzt, den Zweck verfolgte, reformfreundlichen Wirten gleichgesinnte Kellner zuzuführen. Nicht lange darnach erschien Jherings Aufsatz (zuerst in Westermanns Monatsheften) und bewegte die öffentliche Meinung.

Aber wieder schien die Bewegung im Sande zu verlaufen. Jene Kellnervereinigung machte wohl noch einige Jahre von sich reden und gab einige Agitationsschriften heraus, aber sie scheint über das Stadium des Projekts niemals weit hinausgekommen zu sein, obwohl sie ihr Programm mit allerhand Nebenzwecken bereicherte. Der 1888 in Leipzig herausgegebene „Pionier für gastwirtschaftliche Reform in Deutschland", der neben anderen Reformen auch die Abschaffung der Trinkgelder vertrat, mußte nach Jahresfrist wieder eingehn; ja der große Verband der Gasthofsgehülfen hat sich unlängst auf seiner Generalversammlung mit Einstimmigkeit für Beibehaltung des Trinkgelds ausgesprochen. Man fürchtet immer, beim Übergang zu dem neuen Systeme übers Ohr gehauen zu werden.

Dennoch scheint in den letzten Jahren die Saat allmählich aufzugehen. Unter den Kellnervereinen sind es besonders die socialdemokratischen, die gegen das Trinkgeld Front machen; aber sie agitieren mehr für Erhöhung der festen Löhne als für Beseitigung des Trinkgelds. Auch in Paris, wo ein gemildertes Trinkgeldsystem, der sog. tronc, vielfach besteht (die Trinkgelder fließen in eine gemeinsame Büchse, an der aber der Wirt partizipiert), hat kürzlich ein Fachverein der Kellner beim Polizeipräsidenten um Abschaffung des Trinkgelds petitioniert.[1] In vorderster Reihe der Reformbestrebungen stehn aber noch immer die Wirte, und zwar die Hotelwirte. Albrecht schreibt schon 1883: Die trinkgeldfreundlichen Wirte sterben aus, die jüngeren Wirte **dulden** das Trinkgeld nur noch. Eine Reihe von Hotelbesitzern sind seitdem in den letzten Jahren reformatorisch vorgegangen, und der große Internationale Verein der Gasthofbesitzer, mit dem Centralsitz in Köln, hat unlängst die Frage in die Hand genommen, „einem allgemeinen Drängen der öffentlichen Meinung folgend." Eine von ihm niedergesetzte „Kommission zur Beratung der Trinkgeldfrage" veranstaltete im Jahre 1891 eine Enquete unter den großen Hotelbesitzern. Man greift die Frage mit Ernst an, weil man aus

---

[1] Socialpolitisches Zentralblatt, 23. Mai 1892.

den üblen Erfahrungen der Vergangenheit gelernt hat und weil man empfindet, daß die Reform auf keinen Fall wieder mit einer neuen Schröpfung des Publikums enden dürfe. Eine größere Anzahl von Hotelbesitzern aus den verschiedensten Landesteilen hat Gutachten abgegeben, zum Teil auch eigne Erfahrungen mitgeteilt. Es ergab sich, daß die Stimmung im großen Ganzen der Reform principiell geneigt sei, und daß die praktischen Erfahrungen überwiegend günstig, ja glänzend ausgefallen sind. Aber daneben zeigt sich bei denjenigen Gutachtern, die selbst die Reform nicht versucht haben und denen auch jene Mitteilungen noch nicht vorlagen, eine gewisse Bedenklichkeit und eine Scheu vor den möglichen Schwierigkeiten der Durchführung. Noch ungünstiger fiel eine Enquete über die Stimmung in Kellnerkreisen aus. Der Verein Berliner Gasthofbesitzer (die Berliner Filiale des Internationalen Vereins) hatte bereits auf eigne Hand bei den Angestellten seiner Mitglieder, d. h. in den ersten Berliner Hotels, eine Umfrage veranstaltet; jedes Vereinsmitglied hatte durch seine Kellner einen Fragebogen ausfüllen zu lassen. 72 Kellner erklärten sich für, 130 gegen das Trinkgeld. Es liegen jedoch Anlässe vor, zu bezweifeln, ob diese Enquete die wirkliche Meinung der Befragten zum Ausdruck gebracht hat. Herr Heinrich, Präsident des genannten Berliner Vereins, ist überdies der Meinung, daß in außerberlinischen Gasthöfen, wo das Restaurationsgeschäft gering sei, sich mehr Freunde der Reform finden würden, glaubt aber doch, daß in der gesamten Kellnerschaft, mit Einschluß der Restaurantkellner, sich noch nicht der achte Teil für völlige Beseitigung der Trinkgelder aussprechen würde. Die Kommission hat sich dann an die drei bedeutendsten Kellnervereinigungen gewandt. Die Hauptverwaltung des Deutschen Kellnerbundes schätzt, daß $3/4$ der Mitglieder für Beibehaltung des Trinkgelds seien. Die Hauptverwaltung des Verbands Deutscher Gasthofsgehülfen antwortete: „Gegen das Trinkgeldunwesen ist jedes unserer Mitglieder, für die Abschaffung des Trinkgeldes aus vielen und sehr richtigen Gründen nur wenige, gut besoldete, wohingegen alle für eine dem Stande entsprechende Bezahlung und eine die Gesundheit fördernde Abkürzung der Arbeitszeit eintreten". Und der Vorstand des Deutschen Kellnerbunds Berlin erklärte, daß seine Mitglieder „fast einstimmig" sich für Beibehaltung des Trinkgelds ausgesprochen hätten. Mögen diese Antworten immerhin die subjektive Ansicht der Vorstandsmitglieder mit widerspiegeln, und mögen sie mehr ein Mißtrauensvotum vorstellen als eine objektive Meinungsäußerung, so wird man doch begreifen, daß sie auf die Kommission der Hotelbesitzer entmutigend wirken mußten. Die Kommission resolvierte sich schließlich dahin, daß die Möglichkeit der Reform im Princip anzuerkennen, ein Vorgehn im größeren Maßstabe aber unthunlich sei und zunächst in einzelnen kleineren Städten vorgegangen werden solle. Herr Hotelbesitzer Kah in Baden-Baden, stellvertretender Vorsitzender des Vereins, und Herr Hotelbesitzer Ellmer in Heidelberg wurden beauftragt, in ihren Wohnorten die Hotelbesitzer zu einem Kartell zur Ablösung der Trinkgelder zu vereinigen. Ihre diesbezüglichen Bemühungen sind gescheitert, so daß gegenwärtig in diesen Vereinsbestrebungen ein Stillstand eingetreten ist. Es ist aber, soweit mir bekannt, die Absicht vorhanden, bei nächstem Anlaß die ins Stocken geratenen Verhandlungen mit aller Energie wieder aufzunehmen. Ich halte es für einen Fehler, daß die Gutachten aller möglichen Vereinsmitglieder eingeholt worden sind, bevor man die mit der Reform gemachten Erfahrungen gesammelt und mitgeteilt hatte.

Schon die bisherigen Verhandlungen der Kommission haben indes zur Klärung der Frage wesentlich beigetragen. Es hat sich gezeigt, daß die Reform in sehr verschiedener Weise durchgeführt werden kann, und daß, wenn ein Weg sich nicht bewährt, ein anderer beschritten werden kann. Es handelt sich einmal um die Form, in der künftig das Trinkgeld von den Gästen erhoben werden soll, und zweitens um die Form, in der künftig die Kellner ihr Einkommen beziehen sollen. Den Gästen kann entweder ein **fester Prozentsatz** zum Betrage ihrer Hotelrechnung hinzugeschlagen werden, oder es kann eine **feste Summe** pro Tag und Gast in Ansatz gebracht werden. In letzterer Hinsicht ist von zwei Seiten übereinstimmend ein Satz zwischen 50 Pfennig und 1 Mark in Vorschlag gebracht worden; bei den vornehmsten Hotels sollen auch höhere Sätze zulässig sein. Wenn aber ein Hotelbesitzer in Brüssel mit dem Normalsatz nicht unter 2 fr., bei deutscher Währung sogar nicht unter 2 Mark herabgehn will, so ist das jedenfalls übers Ziel geschossen. Er glaubt auch selbst nicht, daß eine Familie von 5 Köpfen sich 10 Mark pro Tag würde ankreiden lassen. Daß jener erstgenannte Satz bei längerem Aufenthalt im Hotel sich ermäßigen müßte, ist wohl selbstverständlich. Es wird ferner Wert darauf gelegt, daß das mit festem Satze berechnete Service als besonderer Posten auf der Rechnung erscheine, nicht etwa in den Logispreis einbegriffen werde; denn hoher Logispreis schreckt die Gäste ab. Mir scheint jedoch dieser ganze Weg nicht so zweckmäßig wie der **prozentuale Ansatz des Preiszuschlags**. Die feste Summe bedeutet eine verschiedene Behandlung der Gäste, die im

Hotel nur logieren, und derer, die auch die Mahlzeiten im Hotel einnehmen; die ersteren würden gezwungen, einen Teil des Trinkgeldes für die Mahlzeiten der letzteren zu zahlen; es ist ein indirekter Zwang, alle Mahlzeiten im Hotel einzunehmen. — Viel weniger plausibel scheint mir der Vorschlag eines Gastwirts, einen Teil der Trinkgelder von den Gästen überhaupt nicht direkt zu erheben, sondern aus den Mitteln eines eigens hiefür zu gründenden Kellnervereins aufzubringen, der den ohne Trinkgeld arbeitenden Kellnern Zuschüsse zahlt.

Ist der Wirt auf einem dieser Wege in den Besitz der Servicegelder gelangt, so kann er sie entweder nach bestimmten Prozentsätzen unter seine Gehülfen verteilen — es ist dies dem französischen Troncsystem sehr ähnlich, besonders wo letzteres mit festen Prozentsätzen gehandhabt wird (obligatorisches Trinkgeld von 10 % der Zahlungssumme); oder er kann in andrer Form seine Kellner am Umsatz oder am Gewinne des Geschäfts beteiligen; in beiden Fällen hat er den Vorteil, den Kellner an flottem Geschäftsgange zu interessieren; oder er kann endlich jedem Gehülfen ein festes Monatsgehalt geben, das der Serviceeinnahme im Durchschnitt entsprechen soll. Die zwei ersteren Modalitäten stehen dem alten Trinkgeldsystem noch etwas näher, sie bilden den Übergang zum reinen Gehaltssystem, ohne daß man letzteres unbedingt als das bessere bezeichnen könnte. In jedem Falle ist der Kellner nicht mehr von dem Belieben der Gäste abhängig.

Selbstverständlich ist die unerbittliche Unterdrückung jedes Trinkgeldgebens neben der Serviceberechnung. Es muß hier mit aller Rigorosität durchgegriffen werden. Das Gelingen der ganzen Reform hängt davon ab, und es ist eine sehr kurzsichtige Anschauung, wenn ein Münchener Hotelbesitzer ganz naiv meint, es sei am Ende nicht so schlimm, wenn wirklich einmal ein Gast für besonders freundliche Bedienung ein Trinkgeld zahle. Hat ein Gast die Bedienung in besonderem Maße in Anspruch genommen, so ist ihm ein höherer Satz für Service auf die Rechnung zu setzen. Ein anständiger Kellner wird auch kein heimliches Trinkgeld annehmen; er würde ja damit entweder seine Kollegen oder seinen Principal bestehlen.

Endlich ist auch der Vorschlag gemacht worden, das ganze System nur fakultativ einzuführen und jedem Gast die Wahl zu stellen, ob er Serviceberechnung wünsche oder lieber Trinkgeld zahle. Ich will gleich hier bemerken, daß Herr Bieger in Ems soeben im vergangenen Mai im Anschluß an die Beratungen der Trinkgelderkommission in seinem Hotel zum Darmstädter Hof einen derartigen

Verſuch gemacht hat, und zwar mit ſchlechteſtem Erfolge. „Auf einer Anzahl überall bemerkbarer Affichen", ſo ſchreibt mir Herr Bieger, „machte ich den in meinem Hauſe wohnenden Fremden bekannt, daß Service nur auf Wunſch berechnet werde, daß in dieſer Berechnung dann aber auch alle mit der perſönlichen Bedienung betrauten Angeſtellten, alſo auch Portier und Hausburſchen, inbegriffen ſeien und daß der Ertrag derſelben o h n e j e d e n A b z u g an dieſe Angeſtellten und zwar je nach ihren Leiſtungen bezw. ihrer Verantwortlichkeit verteilt werde. Als Taxe war feſtgeſtellt für ein Zimmer mit 1 Bett 1 Mark, für ein ſolches mit 2 Betten 1,50 Mark per Tag bis zu einem Aufenthalt von 3 Tagen, für einen längeren Aufenthalt circa 25 % weniger". Von den 30—35 Gäſten, die das Hotel im Laufe des Monats beherbergte, haben nur zwei von der Serviceberechnung Gebrauch gemacht. Meinen obigen Bemerkungen über den von Herrn Bieger gewählten Modus der Berechnung gemäß iſt mir dieſer Mißerfolg nicht verwunderlich, abgeſehen davon, daß ich den fakultativen Weg an ſich nicht gutheiße. Herr Bieger fügt übrigens ſelbſt hinzu: „Nun muß ich allerdings bemerken, daß meine Kundſchaft hauptſächlich aus Deutſchen beſteht, und daß ein ähnlicher Verſuch in einem Hotel mit mehr ausländiſcher Kundſchaft unternommen, einen ſehr viel andern Erfolg gehabt haben würde". Es iſt alſo die Gewohnheit, die das Hindernis bildet, und die Gewohnheit muß durch einen ſtärkeren Druck als durch bloße Anfrage gebrochen werden.

Zwei Hotelbeſitzer haben Berechnungen aufgeſtellt, wie ſich bei Ablöſung der Trinkgelder die monatlichen Gehaltsſätze der verſchiedenen Angeſtellten etwa ſtellen würden. Der eine (A) legt dabei einen Serviceſatz von 50 Pfg. bis 1 Mark, der andre (B) von 2 fr. pro Gaſt und Tag (oder 10 % der Hotelrechnung) zu Grunde. B hat ein „mittelmäßiges" Geſchäftsjahr als Berechnungsgrundlage gewählt, und hat in dieſem offenbar wenig Gäſte und viel Perſonal gehabt.

	A.		B.	
Oberkellner....	180 Mark[1] ſtatt 75 Mark		200 fr. ſtatt 100 fr.	
1. Zimmerkellner	100 =	= 50 =	120 =	= 60 =
2. =	90 =	= 45 =		
Saalkellner....	50 =	= 30 =	90 =	= 60 =
Zimmermädchen..	18 =	= 10 =	80 =	= 30 =
Portier......	180 =	= 0 =	200 =	= 0 =
Hausknecht....	35[2] =	= 0 =	120 =	= 30 =

[1] Außerdem Erlös aus dem Cigarrenverkauf.
[2] Außerdem 15—25 Mark von Handlungsreiſenden, für Beſorgung der Koffer in die Häuſer der Kunden.

Ich lasse aus den Erfahrungen derjenigen Hoteliers, die bisher die Reform durchgeführt haben, einige Mitteilungen folgen[1]. Der älteste mir bekannte Fall datiert aus dem Jahre 1867. Herr Reinhold Schulze hat in seinem Hotel zum Kronprinz „zur vollen Zufriedenheit seiner Gäste" das Trinkgeld auf die Rechnungen gesetzt, und zwar in den Logispreis hineingerechnet. Daß nicht außerdem Trinkgelder gezahlt werden, ist wenigstens insoweit gesichert, als Kellner und Zimmermädchen ausreichend salariert werden und als laut Hausordnung diese sich bei Abreise eines Gastes nicht sehen lassen dürfen. „Diejenigen Kellner, welche den Ehrgeiz haben, ihren Stand moralisch zu heben, lassen sich an diese Instruktion nicht erinnern, aber leider giebt es deren genug, die sich erinnern lassen; deshalb wird es auch noch lange dauern, das vorgesteckte Ziel zu erreichen." Portier und Hausknecht bekommen hier nach wie vor Trinkgeld, und es soll auch noch andre Hotels mit dieser partiellen Reform geben[2], dieses ist aber das älteste.

In Hannover haben Gebrüder Kasten etwa seit 1874 in ihrem Hotel (Kastens Hotel) die Abschaffung des Trinkgelds konsequent durchgeführt und sind „sehr gut damit gefahren". Die Einrichtung war anfangs noch mit Mängeln behaftet, und das Personal im ersten Jahre unzufrieden, so daß mehrere Entlassungen nötig wurden. „Von da an aber ist die Geschichte vorzüglich gegangen, die Leute sind äußerst zufrieden und würden es nicht gern wieder aufgeben wollen. Dieses rührt daher, weil jeder sein ganz gewisses Einkommen hat und Übervorteilungen des einen seitens des andern bei Verteilung der Trinkgeldkassen in Wegfall kommen. Die Leute sind reichlich so aufmerksam wie früher, weil es gewissermaßen mit in ihrem Interesse liegt, so viele Fremde wie möglich zu haben, um hiervon die Tantieme zu ziehen, und ich habe durch diese Einrichtung einen das ganze Jahr fortlaufenden regelmäßigen Fremdenverkehr, da jeder Fremde, welcher einmal von der Annehmlichkeit profitiert hat, unterwegs im Coupé und in seiner Heimat über die Sache spricht und auf diese Weise Propaganda für mich macht". Herr Kasten berechnet 50 Pf. pro Tag und Person

---

[1] Die Angaben sind, wo nichts Andres bemerkt, 1891 und 92 gemacht worden.

[2] Der Hoteltarif des Berliner Verkehrsvereins zählt nicht weniger als 162 deutsche, 30 österreichische, 8 schweizerische und 5 andere auswärtige Gasthöfe auf, die sich 1887 bereit erklärt haben sollen, die Trinkgelder „bis auf eine entsprechende Zahlung für die Dienstleistungen des Hausdieners" abzuschaffen. Nach angestellten Ermittelungen dürfte jedoch diese Zusammenstellung wenig besagen. — Der Berliner Verkehrsverein war ein Auskunftsbüreau für Fremdenverkehr.

Extra-Service, führt sie aber in der Rechnung nicht gesondert auf; davon bekommt der Tagportier 10 Pf., Nachtportier 5 Pf., Bahnportier 5 Pf., die Hausdiener zusammen 25 Pf. Von den übrigen 5 Pf. zahlt der Wirt unter Zuschuß des 2—3fachen Betrages aus seiner Tasche den Zimmerkellnern ein Monatsgehalt von je 100 statt 50 Mk. und auch den Zimmermädchen einen erhöhten Lohn. Er meint jedoch, daß kleinere Hotels und Saisonhotels mit dem Satz von 50 Pf. nicht würden auskommen können. In allen Zimmern und auf allen Rechnungen steht die Notiz vermerkt, daß keinerlei Trinkgelder zu erlegen sind. Das gesamte Personal darf bei Strafe sofortiger Entlassung kein Trinkgeld annehmen, mit Ausnahme der Restaurantkellner wegen der Kontrollschwierigkeit; durch diese Ausnahme wird auch das Bedenken beseitigt, das gegen die hier übliche Form der Serviceberechnung sonst zu erheben wäre. Über die — für Hannover hohen — Zimmerpreise hat Herr Kasten niemals klagen gehört, „einige Geschäftsreisende ausgenommen".

Von den Schweizer Hotels, die 1877 die Oltener Konvention schlossen, sind noch Hotel Schweizerhof in Neuhausen bei Schaffhausen und ein gleichnamiges Hotel in Luzern zurückgeblieben. Von letzterem weiß ich Näheres nicht mitzuteilen, als daß Jhering dasselbe aus eigner Erfahrung lobt[1] und daß Annahme eines Trinkgeldes daselbst mit sofortiger Entlassung und Verlust des Lohnanspruchs geahndet wird. Der Besitzer des ersteren, Herr Wegenstein, der mir als der eigentliche Urheber jener Konvention bezeichnet wird, verpflichtet seine Angestellten beim Engagement, kein Trinkgeld zu nehmen, und ersucht durch Anschlag in den Zimmern seine Gäste, das Personal mit Trinkgelder-Offerten nicht zu behelligen. Auf der Rechnung sind die Trinkgelder in dem allgemeinen Posten frais d'hôtel einbegriffen, der die Stelle des Logispreises vertritt. Herr Wegenstein hält es ferner für wesentlich, daß kein Angestellter des Hotels Livree trage, „da der Reisende gewohnheitsmäßig jeden Livreeträger für eine ambulante Trinkgeldersammelbüchse ansieht". „Meine Gäste äußern sich über diese Reform, mit äußerst seltener Ausnahme, in schmeichelhaftester, günstiger Weise, sind mit den Angestellten viel nachsichtiger und freundlicher, und sind Klagen über Bedienung sehr

---

[1] „Keine noch so leise Andeutung, Anspielung, Pression von seiten der Dienerschaft, jeder noch so versteckte Anlaß zum Geben fern gehalten und dabei auf seiten des gesamten Dienstpersonals eine musterhafte Dienstfertigkeit, Aufmerksamkeit, Höflichkeit."

selten, bedeutend weniger als vorher. Daß meine Angestellten auch zufrieden sind, beweist sich mir darin, daß sich fast alle jeweils für nächste Saison um ihre Stellen wieder bewerben und gerade die hier in Frage kommenden Angestellten, als: Kellner, Portiers, Zimmermädchen, meine ältesten Angestellten sind". „Ich betrachte es nicht als meine Mission, für allgemeine Abschaffung des Trinkgeldnehmens Propaganda machen zu müssen, ich bin sogar überzeugt, daß die Beseitigung dieses, hauptsächlich für Touristen sehr lästigen Gebrauchs als eine besondere und wirksame Empfehlung meines Hauses dient".

Herr Wilhelm Lohmann in Elberfeld hat in seinem 1880 in eigene Verwaltung genommenen Hotel Victoria sofort die Trinkgelder beseitigt und unter lebhafter Zustimmung seiner Gäste die Neuerung bis Dezember 1887 mit bestem Erfolge durchgeführt. „Ich hatte in diesen sieben Jahren zwei Geschäftsführer, die sich mit Liebe und Eifer des Geschäftes überhaupt annahmen und in der Aufhebung der sogenannten Trinkgelder eine Hebung des Kellnerstandes erblickten. Nach dieser Zeit habe ich allerdings viel Ärger gehabt durch fortwährenden Wechsel des Personals und habe dann schließlich es hingehen lassen, wenn sich irgend einer vom Personal ein Trinkgeld in die Hand stecken ließ, weil verschiedene Fremde das Geben nicht lassen können und da es im Sommer schwierig ist, geeignete Leute zu erhalten." Der Zimmerkellner bekommt außer einem geringen Fixum pro Gast und Nacht 10 Pfg., der Portier ist ähnlich gestellt, der Hausknecht bekommt festes Gehalt.

Ihering berichtet in der letzten Auflage seiner Schrift (1888/89) von dem Hotel Beau Rivage in Lugano, das alle Trinkgelder abgeschafft, aber damit bei den trinkgeldwütigen Italienern — kein Wunder! — wenig Anklang gefunden hat. „Die Hauptschwierigkeit, schreibt der Besitzer, liegt darin, anständiges Dienstpersonal zu halten; die zufriedensten Angestellten schlagen in kurzer Zeit ins Gegenteil um, weil sie von ihren Kameraden aufgehetzt und gehänselt werden, daß sie so dumm sind, in einer solchen Stellung zu verbleiben, und so leide ich unter einem fortwährenden Wechsel des Personals, mit Ausnahme der Haushälterin, des Kochs und des Gärtners, die, weil sie mit den Fremden in keine Berührung kommen, von der Trinkgeldseuche auch nicht berührt werden können. Aber nicht allein meine Angestellten machen mir die Durchführung meiner Grundsätze schwer, auch das ganze übrige Heer der Trinkgeldseelen auf Eisenbahn- und Schiffsstationen steht mit mir auf dem Kriegsfuße; es braucht nur einem Reisenden einzufallen, einen Packträger oder dergleichen zu fragen, ob mein Hotel gut sei, dann ist er sicher für mich verloren." Das vor wenigen Jahren gegründete Berliner Monopolhotel hat für seine Restaurantkellner das französische Troncsystem eingeführt, ebenso wie das Dresdener Hôtel du Nord. Das Hospiz der Berliner Stadtmission wird von demselben Direktor Hartmann verwaltet, der seiner Zeit den vorhin erwähnten „Pionier für gastwirthschaftliche Reform" redigierte. Dieser führte am 1. Mai 1891 für alle 28 Angestellten des Hauses feste Gehaltsfätze statt der Trinkgelder ein. Ein gedruckter Aushang teilt den Gästen mit, daß im Sinne der bekannten Reformbestrebungen das Trinkgeld in optima forma abgeschafft und durch Gehaltszahlung abgelöst sei, daß „im Interesse der Moral und unserer Hausordnung ebenso höflich als dringend gebeten wird, keinerlei Trinkgeld mehr zu geben", und daß auf der Hotelrechnung ein entsprechender Betrag in Anrechnung gebracht werden würde: bei Rechnungen bis zu 20 Mark ein Zuschlag von 15 %, bei 20—100 Mark 10 %, bei mehr als 100 Mark 5 %, bei einem Aufenthalt von mehr als einer Woche 10 %, bei einer Wochenrechnung von über 100 Mark 8 %. „Es wollen die geehrten Gäste unser Geschäft als ein kaufmännisches betrachten, wo die Angestellten ja auch keine Trinkgelder erhalten." Die Zuschläge sind so kalkuliert, daß sie im Durchschnitt mindestens die Gehaltserhöhungen decken, die den verschiedenen Angestellten bewilligt sind, und womöglich noch einen Überschuß liefern. Portier und Oberkellner, die früher ohne Gehalt engagiert waren, bekommen jetzt monatlich 250 Mark, Kellner früher 20, jetzt 75 und 100 Mark, Hausdiener 75—150 Mark, Zimmermädchen 50—75 Mark, durchweg mit freier Station. Die Einrichtung hat sich in den 1½ Jahren vollkommen bewährt; alle Angestellten waren sofort einverstanden und sind dem Hause anhänglich; selbst die socialdemokratische Fachzeitung hat ihre uneingeschränkte Anerkennung ausgesprochen. Dagegen entrüstet sich ein Teil der anderen Berliner Hotels über Herrn Hartmann und klagt, daß mit seinem System „sämtliche Dienstboten verdorben werden"[1]. Die Bedienung scheint keineswegs an Aufmerksamkeit eingebüßt zu haben. Ich selbst hatte bei meiner Anwesenheit im Hotel diesen Eindruck und bemerkte nur insofern eine Besonderheit, als eine mehr natürliche freundliche Aufmerksamkeit an die Stelle des sonst in Hotels üblichen Tons getreten schien. Der Direktor glaubt, daß wirklich keine Trinkgelder gezahlt würden.

---

[1] Diese letztere Mitteilung stammt nicht von Herrn Hartmann.

Ein angebotenes Trinkgeld werde nach seiner Anweisung mit Hinweis auf die Hausordnung zurückgewiesen, und erst bei wiederholter Anbietung von den niederen Angestellten, niemals aber von Kellnern eingesteckt[1].

In Innsbruck[2] hat Josef Cathrein, Begründer der Gaisbergbahn und der Drahtseilbahn auf die Festung Hohensalzburg, hervorragender Ingenieur und langjähriger Gasthofbesitzer, Anfang Juni 1892 ein „Erstes Reformhotel Habsburger Hof" mit Beseitigung der Trinkgelder eröffnet. Jedoch zahlt das Hotel nicht feste Gehalte, sondern alle Angestellten vom Hausknecht bis zum Direktor haben ein Anrecht auf gewisse Prozente des Umsatzes; also auch nicht eine eigentliche Gewinnbeteiligung. So sind die Kellner am Umsatz der von ihnen zugetragenen Speisen und Getränke beteiligt. Auch hier hat sich die Reform bewährt, trotz der Schwierigkeiten des Übergangs. „Das Publikum, die Angestellten und ich, wir fahren alle gut dabei", schreibt mir der Besitzer am 13. Oktober. „Dem Personale gegenüber ist anfänglich die Durchführung der einzelnen Bestimmungen auf Schwierigkeiten gestoßen, hauptsächlich darum, weil die Angestellten den Wert ihres Einkommens nicht zu taxieren verstanden und die Lohnverhältnisse erst geregelt werden mußten; auch fehlte es den Leuten an der Einsicht, zu begreifen, wie sie durch die Nichtannahme von Trinkgeldern eine ganz andere sociale Stellung errungen haben. Nach einigen Wochen schon zeigte es sich, daß die Gäste dem Personal gegenüber ein ganz anderes Benehmen an den Tag legten, dem ehemals oft so schroffen und demütigenden Tone hatte die Freundlichkeit Platz gemacht, und das Personal benahm sich wohl nicht mehr so unterwürfig und, wie es oft der Fall war, kriechend, sondern aufmerksam und zuvorkommend, wohl wissend, daß es im eigensten Interesse gelegen ist, wenn das Haus viele Gäste hat."

Herr Cathrein soll jetzt die Errichtung ähnlicher Reformhotels in verschiedenen Städten planen.

---

[1] Von den andern „christlichen" Berliner Gasthöfen ohne Trinkgelder ist namentlich das „Hospiz am Brandenburger Thor" zu nennen, das seit einigen Monaten die Hartmannsche Einrichtung angenommen hat. Ich bemerke, daß dieses Hotel, noch mehr wie das Hartmannsche, vorzugsweise von der Aristokratie besucht wird. Es kann auf einen leidlich sichern Kundenkreis zählen, und es wird die Meinung geäußert, daß ohne diese Sicherheit das Experiment vielleicht nicht so bald gewagt worden wäre. Auch Herrn Wegenstein sollen besondre Verhältnisse die Durchführung der Reform in etwas erleichtern.

[2] Vgl. Volkswohl, 6. Oktober 1892.

Durch die Erfahrungen dieser Pioniere sind die Besitzer und Direktoren deutscher Hotels eingeladen, dem Beispiel zu folgen. Nicht sie alle; es ist nicht jedermanns Sache, den Pionier zu machen. Ich möchte auch nicht sagen, daß es nur die hervorragend menschenfreundlichen und pflichtbewußten Hotelwirte sein müßten, obgleich ja ohne Humanität und ohne ein Gefühl für Menschenpflichten und Menschenrechte sicher nichts Gutes herauskommen würde. Sondern es ist hier wie bei so manchen bahnbrechenden Wohlfahrtseinrichtungen auf anderen Gebieten: es können nur die weitblickenden, unternehmenden, mit dem Geschäftsblick im höheren Sinne ausgerüsteten Männer, — wie die genannten Beispiele ja auch größtenteils zeigen: nur die Ersten ihres Fachs können es sein, die den Schritt riskieren, nicht aber jene vorsichtigen Herren, die Vorsicht für den besseren Teil der Weisheit haltend die anerkennenswerten Bestrebungen des Kölner Vereins zur Hebung des Standes vorläufig zu Falle gebracht und die damit im Urteil des Publikums wie in den Augen des Gesetzgebers ihrem Stande einen empfindlichen Schlag gegeben haben. Es können ferner nur solche Prinzipale sein, die sich auf die rentable Kunst verstehen, ihre Leute gut zu behandeln und ihr Vertrauen sich zu erwerben. Mittelmäßige Wirte, die den richtigen Sinn und Takt für große geschäftliche Neuerungen nicht haben und denen die Eigenschaften eines ausgezeichneten Prinzipals nicht gegeben sind, sollen ihre Hand aus dem Spiele lassen. Sie würden eine zukunftsreiche Sache nur kompromittieren, und sie müssen sich sagen lassen, daß sie von ihrem persönlichen Standpunkte ganz recht daran thun, die Reform für aussichtslos zu erklären.

Wenn erst eine erhebliche Zahl der großen Hotels mit dem Trinkgeldsystem gebrochen hat, wird es bald genug heißen, daß nur Gasthöfe niederen Ranges Trinkgeld dulden. Und dann hat die Reform gewonnenes Spiel. Der Gewinn, den in den ersten Jahren die wenigen reformierenden Wirte mit ihrem Personal einstreichen, verteilt sich dann bleibend über den ganzen Stand.

Ich würde es für zweckmäßig halten, wenn die Hoteliers, die die Reform in der einen oder anderen Weise bei sich eingeführt haben, sich zusammenthäten und in regelmäßigen Zwischenräumen ihre Erfahrungen austauschten und der Öffentlichkeit bekannt gäben. Es würde sich geschäftlich vielleicht empfehlen, daß diese Mitteilungen in einer Massenauflage gedruckt und von Zeit zu Zeit an gewissen Centralpunkten an die Fahrgäste der Schnellzüge ausgeteilt würden. Am besten wäre es, wenn die Kommission des Internationalen Ver=

eins mit ihrer Autorität die Angelegenheit in die Hand nähme. So=
bald eine größere Zahl von Hotels ohne Trinkgeld wirtschaftet, wäre
zu erwägen, ob nicht die großen Konsumvereine wie Warenhaus für
Deutsche Beamte und Offizierverein sich bereit finden lassen, in ihren
Empfehlungen diese Hotels zu bevorzugen.

Der zweite Faktor, der zur Reform mitwirken soll, sind die
Kellner selbst. Es wäre im Interesse der Sache und zugleich im
Interesse der Ehre des Kellnerstandes zu beklagen, wenn die Reform
ihnen aufgezwungen werden müßte. Zwar haben die Pioniere der
Reform einen Mangel an Arbeitskräften nicht zu fürchten; die Bei=
spiele zeigen das ja. Im Gegenteil: die tüchtigsten Kellner, welche
nicht immer auch die besten Trinkgeldjäger sind, werden im Gehalts=
system ihren Vorteil finden und sich alsbald zu den Reformhotels
drängen; und sie werden ein Interesse gewinnen, zu bleiben, wo sie
sich einmal bewährt haben, während der Trinkgeldkellner viel leichter
die Stellung wechselt. Immerhin könnte später, bei größerer Ver=
breitung des Systems, eine Periode eintreten, wo wenigstens die neu
hinzukommenden Reformhotels nicht mehr so große Auswahl unter
den Arbeitskräften haben, und das müßte den Fortschritt aufhalten. Die
augenblicklichen Aspekten für eine energische Parteinahme der Kellner
sind ja scheinbar ziemlich ungünstig. Aber ein in den Massen ein=
gewurzeltes Vorurteil fällt niemals auf einen Schlag. Es ist nur
natürlich, wenn die Prinzipale als der doch im Durchschnitt viel
intelligentere Teil die Notwendigkeit der Reform zuerst einsehen.
Aber ich kann nicht glauben, daß nicht auf die Dauer auch bei den
Kellnern Einsicht und Ehrgefühl die Oberhand gewinnen werden.
Es wird von kundiger Seite auch in Bezug auf die Kellner die Mei=
nung ausgesprochen, daß es gerade die jüngeren Elemente seien,
die der Reform geneigt sind, und ihnen gehört die Zukunft. Die
großen, führenden Vereine der Kellner, deren Leitung die Elite des
Standes repräsentiert, sind die berufenen Tonangeber. Sie müssen
die Aufklärung in die Reihen der kurzsichtig am Herkommen haftenden
Berufsgenossen tragen, und durch energische Kundgebungen die Sache
des Fortschritts vertreten.

Soweit ich in Erfahrung bringen konnte, wurzelt die hauptsächliche
Bedenklichkeit der Kellner in ihrer Besorgnis, die Prinzipale möchten
sie bei Ablösung der Trinkgelder übers Ohr hauen. (Nur bei
den eingefleischtesten Trinkgeldjägern spielt dabei die reine Lust am
ungewissen Gewinn und Verlust — eine Art Lotterietrieb — die
entscheidende Rolle.) Übrigens scheint es, daß sich die Kellner teil=

weise über die **durchschnittliche** Höhe ihrer Einnahmen täuschen; ich kann ihnen nur raten, einmal während einiger Monate **genaues** Buch zu führen. Ich glaube, es wird nur eine verschwindend kleine Zahl von Fällen sein, wo die Trinkgeldeinnahme so exorbitant ist, daß der Wirt anständiger Weise solche Beträge seinen Gästen nicht auf die Rechnung setzen könnte. Aber diese Ausnahmen von der Regel kommen gar nicht in Betracht. In allen übrigen Fällen wird kein anständiger Wirt eine groß gedachte und auch für den Wirt selbst vorteilhafte Reform benützen, um für sich im Trüben zu fischen. Es muß der strenge Grundsatz als allgemein maßgebend aufgestellt werden, daß auch die unbillig hoch erscheinenden Trinkgelder-Einnahmen ohne Abzug in Gehalt umzuwandeln sind, sofern es nur angeht, sie den Gästen auf die Rechnung zu setzen[1].

Nur in Einem Stücke meine ich, daß eine Ausnahme in Erwägung gezogen werden müßte: inbezug auf **Hausdiener** und **Portiers**. Ich weiß sehr wohl, daß der Portier eines großen Hotels den Kopf sehr auf dem rechten Fleck haben, auch Sprachen sprechen und mancherlei wissen muß; aber die ungeheuren Einnahmen eines großen Teils dieser Leute gehen doch weit über die **standesgemäßen** Ansprüche hinaus. Es ist **nicht nötig** und **nicht erwünscht**, daß der Stand der Hotelbesitzer sich künftig noch aus reich gewordenen Portiers oder gar Hausknechten rekrutiere. Diese Personen können vielmehr mit einem auskömmlichen, aber nicht beliebig hohen Gehalte abgefunden werden, und in die Gelder, die dadurch verfügbar werden, können sich die Kellner teilen. Man wird freilich durch eine solche „Teilung Polens" den Widerstand dieser Kollegen gegen die Reform heraufbeschwören, aber dieser Widerstand wird überwunden

---

[1] Wenn einige der bestgestellten Berliner Hotelkellner auf Befragen ihre Ansprüche mit „mindestens 150 Mark", ja sogar mit 250—300 Mark für den Monat angemeldet haben, so sind das einzelne extreme Ausnahmsfälle, die erörtert werden müssen. Wird aber eine so hohe Einnahme wahrscheinlich gemacht, so muß sie unbedingt in Gehaltsform bewilligt werden, wenigstens in gut besuchten Häusern, wo auf den einzelnen Gast dadurch nicht eine allzu übermäßige Trinkgeldsteuer entfallen würde. Dieser **feste Grundsatz** ist absolut notwendig. Sobald der Wirt versuchen wollte, auch nur den kleinsten Teil der neu einzuführenden Zuschläge für sich zu beanspruchen, wäre der Willkür und dem Streite Thür und Thor geöffnet. Die Kellner würden dann ihrerseits ebensogut mit Berufung auf Kastens Hotel verlangen können, daß der Wirt ihnen aus seiner Tasche Zuschüsse leiste. Das kleine Gehalt, das der Kellner schon jetzt unter dem Trinkgeldsystem bezieht, bleibt natürlich bei der ganzen Berechnung außer Spiel: der Kellner erhält dieses nach wie vor.

werden. Wollen sie sich nicht fügen, so werden neue Leute an ihren Platz treten.

So wenig aber meines Erachtens die Kellner zu der Befürchtung Grund haben, von anständigen Prinzipalen bei der Ablösung übervorteilt und betrogen zu werden, so sehr halte ich es doch für wünschenswert, daß die beteiligten Kellner bei der Reform ein Wort mitsprechen. Herr Hotelbesitzer Dremel (Hotel Bellevue in Brüssel) hat den außerordentlich einleuchtenden Vorschlag in die Diskussion geworfen: die beiderseitigen Vereine, die Vereine der Wirte und der Gasthofsgehülfen, sollen gemeinschaftlich einen Normaltarif vereinbaren, der für die Gehaltsberechnung in den einzelnen Hotels einen Anhaltepunkt giebt. Es soll für die in Betracht kommenden örtlichen Bezirke, nötigenfalls für jede einzelne Stadt ein solcher Tarif aufgestellt werden, der dann wieder für Hotels ersten, zweiten und dritten Rangs, oder auch nach den geforderten Sprachkenntnissen der Angestellten abgestuft werden muß. Herr Dremel hat mit diesem Vorschlage eben jenes Recept getroffen, das sich in der Großindustrie gegen Meinungsverschiedenheiten zwischen Arbeitgebern und Arbeitnehmern aufs glänzendste bewährt hat[1], und das von manchen Socialpolitikern als das Mittel zur Lösung der socialen Frage überhaupt angesehen wird: Verständigung zwischen den Vereinen der Arbeitgeber und der Gehülfen, gemeinsame Aufstellung eines Tarifs. Die Gastwirte können sich beglückwünschen, wenn sie so leichten Kaufs durch rechtzeitiges Entgegenkommen ihre sociale Frage lösen, ehe in ihrem Gewerbe der verheerende sociale Krieg ausbricht. Ein Verein der Prinzipale vergiebt sich nichts, wenn er mit den Gehülfenvereinen in sachliche Verhandlung tritt, und der Internationale Verein der Gasthofbesitzer hat bereits durch seine Befragung der Kellnervereine das Princip des Verhandelns anerkannt. Die Vereine der Kellner werden vermutlich auch ihrerseits derartige Konferenzen beantragen, sobald der Zeitpunkt herangekommen ist. Dem festzustellenden Tarif werden in erster Linie die bis dahin gemachten Erfahrungen zu Grunde zu legen sein, soweit sie beide Teile befriedigt haben. Eine gegenseitige Verständigung ist aber bei einer so grundlegenden Reform nicht nur an sich billig und klug, sondern sie ist auch der Schwierigkeit der Sache angemessen. Auch bei beiderseitigem bestem Willen ist in Interessenfragen eine Besprechung notwendig, weil von zwei verschiedenen Standpunkten die-

---

[1] Vgl. von Schulze-Gävernitz: Zum socialen Frieden. Zwei Bände. Leipzig 1890.

selbe Sache sich verschieden ansieht und die Ansichten einer Ausgleichung bedürfen.

Von einer derartigen Verständigung kann aber erst die Rede sein, sobald in einer Stadt oder einem größeren Bezirk die Reform **allgemein** angenommen werden soll. Zunächst, bei **vereinzeltem Vorgehen**, scheint mir ein anderer Weg zum Ziele zu führen. Die Angestellten eines Hauses, das die Trinkgelder ablöst, müssen notwendig eine Gelegenheit erhalten, sich zu überzeugen, daß die statt der Trinkgelder zu zahlenden Zuschläge nicht den Wirt bereichern, damit kein Mißtrauen aufkommt. Wenn der Wirt einer oder zwei Vertrauenspersonen seiner Angestellten an jedem Wochenschluß das Konto seiner Gäste zeigt, so ist das Interesse der Angestellten vollkommen gewahrt. Es empfiehlt sich unbedingt, daß in den ersten Jahren die Kellner die ganze Trinkgeldeinnahme erhalten, daß also eine Art von Gewinnbeteiligung für sie eintritt. Die Kellner erhalten nämlich die ihr Gehalt übersteigenden Beträge der Trinkgeldkasse alljährlich als Prämie. Diese Überschüsse werden nicht sofort verteilt, sondern sie fließen in eine **Kellnerkasse**, die von den Kellnern verwaltet wird und über die sie bei Krankheitsfällen, für Anciennitätsprämien u. s. w. nach Maßgabe eines Kassenstatuts bis zu einem gewissen jährlichen Betrage zu ihren eigenen Gunsten verfügen können[1]; demnächst dient die Kasse in Jahren, wo etwa die Trinkgeldeinnahme kleiner ist als die vom Prinzipal zu zahlenden Gehalte, um den Prinzipal nach Möglichkeit schadlos zu halten. Durch dieses System werden die Kellner zugleich für guten Geschäftsgang interessiert. Wer die Gewinnbeteiligung nicht für zweckmäßig hält, kann nach einigen Jahren diese Kasse abschaffen, d. h. ihren Barbestand unter die Kellner austeilen, und auf Grund der inzwischen vorliegenden Erfahrungen die Gehaltssätze revidieren lassen.

Der dritte Faktor, an dessen Mitwirkung wir appellieren, ist das Publikum, und zwar nicht nur das jeweilig reisende, das die abscheuliche Belästigung des Trinkgeldgebens los werden soll, sondern jedermann, der gemeinnützigen Sinn hat. Es kann selbstverständlich niemals davon die Rede sein, daß irgend ein Gast für seine Person die Trinkgelder abschafft und ich halte es für eine verderb-

---

[1] Es empfiehlt sich, daß Kellner, die das Haus verlassen, auf Auszahlung eines gewissen Prozentsatzes aus der Kasse Anspruch erhalten. Hat der Kellner seinerseits gekündigt, so mag er den Anteil erst ein Jahr nach seinem Austritte beanspruchen dürfen.

liche Erschütterung des geltenden Gewohnheitsrechts, wenn in einer vielgelesenen staatswissenschaftlichen Zeitschrift[1] kürzlich das Trinkgeld im Restaurant als eine fakultative Leistung hingestellt wurde, die der Unbemittelte auch unterlassen könne. Der Kellner hat ein gutes Recht auf sein Trinkgeld. An diesen Irrweg denkt auch, soviel mir bekannt, kein Mensch, aber ich wollte dies doch ausdrücklich ausgesprochen haben. Man mache für die Reform Stimmung, aber man gründe keinen Verein. Man suche auch, wo sich Gelegenheit bietet, die Meinung von Wirten und Kellnern über den Gegenstand zu erfahren.

Der vierte Faktor ist der Staat und die Behörden überhaupt, die mit gutem Beispiel vorangehen sollen, wo sie auf die Trinkgeldfrage Einfluß haben, z. B. bei der Verpachtung von Bahnhofsrestaurants[2]. Ein gesetzliches Verbot der Trinkgelder, wie es 1891 die Nationalliberale Correspondenz vorschlug, kann ich nicht befürworten. Es würde zu häufig umgangen werden, und würde nur mit einer ungerechtfertigten Preiserhöhung zum Schaden des Publikums endigen. Das Trinkgeld kann nur mit dem guten Willen der Mehrzahl der Beteiligten beseitigt werden. Eine so tief eingewurzelte Sitte könnte von der Polizei nur abgeschafft werden, wenn die Kontrolle der Abschaffung sehr viel leichter wäre.

Für selbständige Restaurants ist die Reform insofern schwieriger, als der Restaurantkellner noch ausschließlicher vom Trinkgeld lebt, als der Hotelkellner; es sind deshalb hier große psychologische Widerstände zu überwinden. Herr Direktor Hartmann, mit dem ich darüber sprach, hält sein System der Prozentualzuschläge auch auf Restaurants für anwendbar. An die Stelle des Trinkgeldes dürfe aber aus Konkurrenzrücksichten nicht eine Preiserhöhung treten, sondern ein besonderer Preiszuschlag. „Ein Kotelett 1 Mk., 10 Pfg. Service." Den Einwand, daß prozentuale Zuschläge bei kleinen Beträgen weniger handlich seien, als bei großen Hotelrechnungen, ließ er nicht gelten; auch sind in Pariser Restaurants dergleichen Zuschläge (Minimalbetrag 10 Centimes) längst üblich. Jhering berichtet von einem Wiener und einem Helgoländer Restaurant, die ihre Kellnerinnen fest besolden. Mit männlichem Personal ist mir außer einigen Weinstuben nur ein Beispiel bekannt, nämlich ein sogenanntes

---

[1] Conrads Jahrbücher für Nationalökonomie und Statistik, 3. Folge, Band 4, S. 76.

[2] Daß die Kellner des Reichstagsrestaurants ausschließlich auf Trinkgelder angewiesen seien, wurde vom Abgeordneten Stolle in der zweiten Lesung der Arbeiterschutznovelle zur Sprache gebracht.

Kaffeelokal in Berlin (Beuthstraße), das vorzugsweise von Arbeitslosen frequentiert wird und daher auf billige Preise sehen muß. Der Fall ist auch insofern nicht beweiskräftig, als er nur mit Hülfe von billiger Lehrlingsarbeit durchgeführt wird. Bei weiterer Verbreitung der Reform im Hotelfache steht zu hoffen, daß wenigstens solche selbständige Restaurants, die im Besitze von Hoteliers stehen, die Trinkgelder beseitigen. Außerdem haben wir einen Deutschen Gastwirtsverband, der etwa 200 Vereine mit 17000 Mitgliedern umfaßt, und der seinen Sinn für das Wohl seiner Angestellten durch Austeilung von Ancienitätsprämien und andere nützliche Einrichtungen bewiesen hat. Es wäre zu wünschen, daß dieser seinen Kölner Bruderverein sich zum Muster und die Reform in die Hand nähme.

* *
*

Da in diesem Kapitel die Einkommensverhältnisse behandelt werden, so habe ich zum Schlusse ein Wort über das Einkommen der älteren und verheirateten Kellner hinzuzufügen. Konkrete Angaben stehen mir leider nicht zu Gebote; aber nach allem, was ich in Erfahrung brachte, ist das Los dieser Leute ein außerordentlich trauriges. Während auf der einen Seite durch die Familie das Ausgabebudget anschwillt, sinkt auf der andern das Einkommen. Einen Kellner, der über die Garçonjahre hinaus ist, wird niemand gern engagieren; etwa mit dem 35. Jahre ist der Kellner „passé". Er muß froh sein, wenn er überhaupt noch Anstellung findet. Was wird aus den Tausenden von alternden Kellnern, wenn sie nicht in eine leitende oder selbständige Stellung aufgerückt sind? Die Frage ist schwer zu beantworten. Manche sind den Strapazen und Ausschweifungen erlegen, manche endigen als Portiers, ein Teil soll in die Fabriken gehen, ein Teil verkommt, der Rest fristet als „Lohnkellner," meist in der Großstadt, ein unerfreuliches Dasein. Der Lohnkellner vermietet sich stunden- und tageweise; Sonntags ist gewöhnlich Arbeit zu bekommen, namentlich im Sommer. Er verdient dann am Sonntag und Montag mit Trinkgeldern vielleicht bis zu 30 Mark, von denen die Familie lebt; die Woche über wird gefaulenzt, mitunter auch die Krankenkasse ausgebeutet, denn es kommen auch magere Wochen, wo die ganze Familie hungert.

Es ist nicht abzusehen, wie diesen Zuständen abgeholfen werden soll, wenn es nicht gelingt, für solche Lohnkellner einen anständigen Nebenerwerb während der Woche zu finden. Eine kleine Besserung würde eintreten, wenn mit Abschaffung der Trinkgelder die Kellner länger in derselben Stellung blieben, sie würden dann auch nicht so jung auf die Straße gesetzt werden. Außerdem wird die Zeit das Übel von selbst lindern; heute besteht gegen jeden älteren Kellner ein Vorurteil, weil die tüchtigen Kellner in diesem Lebensalter sich selbständig gemacht haben oder in eine leitende Stellung aufgerückt sind. Wenn einmal mit den Fortschritten des Kapitalismus die Lebenslänglichkeit des Kellnerberufs allgemeiner geworden sein wird, so muß auch dieses Vorurteil weichen, wie denn z. B. in Frankreich schon jetzt ältere Kellner zahlreich auch in besseren Häusern angestellt sind.

IV.
Die deutschen Kellnervereine und ihre Bestrebungen.

In letzter Linie muß jede Hebung des Kellnerstandes von den Kellnern selbst ausgehen; die Reformen von anderer Seite vermögen zuletzt nicht mehr, als dieser Selbsthülfe günstige Bedingungen zu schaffen. Das berufene Organ dieser Selbsthülfe sind die Fachvereine; und hier sind sehr achtbare Bestrebungen zu verzeichnen.

Die Kellner sind eine internationale Bevölkerung — man denke nur an die Kellner schweizerischer Hotels. „Wir sind gar nicht so auf einen deutschen Kellnerverein versessen, sondern unverfälschte kernige Genfer" (d. h. Freunde des „Genfer Verbands"), schreibt ein Kellner in Deutschland. Und so lange das Deutsche Reich nicht innerhalb seiner Grenzen jedem Kellner die Möglichkeit des Fortkommens bietet, wird es sich über diesen internationalen Zug eines Teils seiner Bürger nicht beklagen dürfen. Gute Deutsche bleiben die Kellner darum doch. Eben mit dieser Freizügigkeit aber hängt die schnelle interlokale Ausbreitung des Kellnervereinswesens zusammen.

Die Vereinsbildung beginnt hier wie in anderen Berufen lokal in den 40er Jahren. Von den heute in Deutschland bestehenden Vereinen ist der älteste 1841 (nach andrer Angabe 1825) gegründet: der Sechziger-Verein in Leipzig, so genannt, weil er die Mitgliederzahl 60 nicht überschreiten sollte (seit 1872 ist sie überschritten worden, jetzt[1] über 100). Er hat jetzt verschiedene Unterstützungskassen und betreibt Stellenvermittlung. Am zweitältesten ist der Deutsche Kellner-Verein Saxonia, 1845 gegründet, 1848 aufgelöst, 1849 neu gegründet, jetzt mit 230 Mitgliedern und mit ähnlichen Zwecken wie der vorige.

---

[1] Diese und die folgenden Angaben von Mitgliederzahlen beziehen sich in der Regel auf das Ende des Jahres 1891.

Saxonia hat allein für Krankenunterstützung 1891 über 2500 Mark verausgabt. Man kann aus gewissen Anzeichen entnehmen, daß diese Vereine ähnlicher Art waren wie die damaligen Arbeiter- und Gesellenvereine überhaupt. Gewiß sind manche Kellner-Vereine aus jener Zeit heute verschollen.

Wenn aber zu den Charakterzügen jener älteren Vereine politischer Radikalismus oder doch politischer Oppositionscharakter gehört hat, so fehlt doch den Kellnervereinen durchweg jener schroffe Gegensatz gegen die Arbeitgeber, der die meisten andern Fachvereine auszeichnet. Der häufige Übertritt von Kellnern in den Prinzipalstand läßt diesen Gegensatz schwer aufkommen. Jeder Kellnerverein, der einige Jahre besteht, hat seine Beziehungen zu etablierten früheren Mitgliedern, die zum Teil auch noch Mitglieder bleiben mögen. Dazu die Ehrenmitglieder, angesehene Prinzipale, die dem Verein Zuschüsse zahlen; auch Unterstützung durch Prinzipalvereine. So kommt es, daß gerade die größten Vereine mit Nachdruck erklären, sie gingen mit der Prinzipalität Hand in Hand, wenn sie auch neuerdings ihr Sonderinteresse gelegentlich betonen.

Die bedeutenderen Vereinsgründungen fallen erst in die zweite Hälfte der siebziger Jahre. Die zwei größten Vereine sind der sog. Genfer Verband, hauptsächlich aus Hotelgehülfen bestehend, jetzt mit 3000[1] Mitgliedern, 1877 gegründet, und der Deutsche Kellnerbund, vorwiegend aus Restaurantkellnern zusammengesetzt, auf dem Kellnerkongreß zu Erfurt, Oktober 1878 gegründet, jetzt mit 3980 Mitgliedern[2]. Der Genfer Verband hat sich in ziemlich selbständig verwaltete, territoriale Landesvereine gespalten, die ihrerseits aus lokalen Zweigvereinen zusammengesetzt sind. Die Zahl dieser Zweigvereine schwankt infolge des Intermittierens der Saisonvereine zwischen 40 und 50. Der Verband erstreckt sich bis nach Nordafrika, früher auch nach Nordamerika; trotzdem ist die große Mehrzahl der Mitglieder reichsdeutscher Abkunft. Auf deutschem Territorium, als Mitglieder des „Verbands Deutscher Gasthofgehülfen" (Landesverein mit 18 Zweig-

---

[1] Nach anderer Angabe, die sich auch bei Schmidt findet, hatte der Verband vor 1½ bis 2 Jahren erst 1800 Mitglieder, und in der That wurde die Vereinszeitung nur an soviel Mitglieder geschickt. Die übrigen 8—1200 Mitglieder werden, wie ich vermute, nur in den Listen geführt. Im ganzen waren bis Anfang 1891 etwa 6500 Mitglieder in den Verband getreten.

[2] Für Anfang 1890 finde ich die Mitgliederzahl 2388, für Anfang 1891 2593 angegeben, obwohl 1890 ein Fünftel der Mitglieder wegen restierender Beiträge ausgeschlossen werden mußte.

vereinen, Selbstverwaltung seit 1887, Hauptsitz Dresden) befinden sich nur 1000. Der Verbandsvorstand war in den ersten zwei Jahren in Genf domiziliert, 1879—91 in Deutschland (Wiesbaden, Köln, Frankfurt a. M.) und seit 1891 in Basel. Der Deutsche Kellnerbund, von Leipzig aus verwaltet, hat 44 Bezirksvereine, wovon 6 jenseits der deutschen Grenze: London, Paris, Brüssel, Antwerpen, Nizza, Montreux. Organ des Verbands ist die Wochenschrift „Verband", Organ des Bunds die Wochenschrift „Restaurant-Hotel-Revue", früher der „Kellnerfreund."

Die Stimmung für umfassende Vereinsgründungen scheint schon 1875 vorhanden gewesen zu sein. In diesem Jahre tagte in Wien ein „Erster allgemeiner Kongreß" ohne praktisches Resultat, und es erschien der oben genannte Aufsatz Eduard Guyers, der einen großen Gastwirtsverband für Schweiz und Süddeutschland in Verbindung mit Kellnervereinen projektierte. Die Gründung des Genfer Verbands 1877 in Genf wurde nur beschleunigt durch den Zusammenschluß jener neun Hoteliers zur Abschaffung des Trinkgelds, sie war schon vorbereitet. Es wird behauptet und bestritten, daß socialdemokratische Bestrebungen im Spiele gewesen seien. In jedem Falle hat der Verband diese Färbung ebenso schnell verloren, wie seine aggressive Stellung zur Trinkgeldreform. Nur hie und da wird einmal wieder ein rötlicher Schimmer sichtbar. Einem zeitweiligen Redakteur der Verbandszeitung, de Lacroix, werden socialdemokratische Neigungen nachgesagt, und er fand bei einer kleinen Minderheit jüngerer Mitglieder Anklang; ein Antrag auf Einführung des Normalarbeitstages rief einmal den Verdacht der Schweizer Gastwirte wach; und eine Korrespondenz im Gastwirtsgehülfen vom 23. Juni 1892 zeigt, daß noch jetzt der Verband von halbsocialistischen Elementen nicht ganz sauber ist. Dagegen trat der Deutsche Kellnerbund unter dem Donner des Socialistengesetzes ins Dasein und nahm in seine Statuten die Bekämpfung „der gütergemeinschaftlichen und staatsgefährlichen Bestrebungen" auf, eine Formulierung, die schwerlich von einem Angehörigen des Gastwirtsgewerbes herrührt. Der Deutsche Kellnerbund ist wohl die einzige größere Arbeitnehmervereinigung, die in jenem Todesjahre der deutschen Arbeitervereine ins Leben trat.

Nicht etwa diese politische Nüance, sondern die verschiedene Zusammensetzung der zwei großen Verbände hat alle Verschmelzungsbestrebungen bis heute scheitern lassen. Die Hotelkellner stehen eine Stufe höher als die Restaurantkellner, ihr Frack ist von besserem Tuch, ihre Trinkgeldrente wohl in der Regel reichlicher, die Anforderungen an

Sprachkenntnis und savoir vivre höher, und sie bleiben lieber unter sich. Die Bestrebungen sind im übrigen dieselben; in beiden Vereinszeitungen herrscht ein anständiger und ernsthafter Ton, Hebung des Standes durch Selbsthülfe, Fachbildung, Kassen, Vereinshäuser, Stellenvermittlung wird von beiden gleichmäßig angestrebt. Auch in den Leistungen kann jeder sich mit dem andern vergleichen. Der Deutsche Kellnerbund hatte vor Jahresfrist ein Vermögen von 100 000 Mark, er hatte im Lauf der Jahre gegen 250 000 Mark an Unterstützungsgeldern gezahlt. Der Genfer Verband hatte ein Vermögen von 80 000 Mark, einen jährlichen Umsatz (ohne das Budget der Vereinshäuser, sog. Klubhäuser) von 40 000 Mark, eine Gesamteinnahme seit 1877 von 500 000 Mark. Auf einzelne seiner Bestrebungen komme ich noch zurück.

Als Seitenstück zu diesen großen Verbänden sei der Internationale Kochkunstverein erwähnt, ein, wie mir scheint, sehr prinzipalfreundlicher Verein von Köchen.

Mit jenen beiden großen und den vorher genannten kleineren ist freilich die Zahl der Kellnervereine noch lange nicht erschöpft. Ich nenne beispielsweise noch den Würzburger Kellner-Verein Franconia, den Verein ansässiger Kellner in Köln (48 Mitgl., gegr. 1881), den Verein Deutscher Gastwirtsgehülfen in Leipzig (92 Mitgl., gegr. 1887), Kellnerverein Hannover, Hamburger Kellnerverein, Marqueurverein in München, Kellnerverein Providentia in Königsberg, Kellnerverein in Frankfurt a. M., Kellnerbund in Krefeld, Kellnerverein in Darmstadt, Kellnerverein Bavaria in Nürnberg, Magdeburger Kellnerverein, Kellnerverein in Chemnitz, Kellnerverein Concordia in Breslau. Der vor etwa 3 Jahren von Düsseldorf aus gegründete Rheinisch-Westfälische Kellnerverband soll 2000 Mitglieder zählen. Auch der „Deutsche Kellnerbund Berlin", der eine eigne Fachzeitung („Gastronom") herausgiebt, gehört zu den bedeutenderen; wie in den Arbeitervereinen anderer Gewerbe die Berliner nicht selten eine Sonderstellung einnehmen, so ist auch dieser Verein aus einer Absplitterung des allgemeinen Deutschen Kellnerbundes (1883) entstanden. Es giebt in Berlin außer diesem und außer den Filialen der zwei großen Organisationen noch einen Berliner Kellnerverein, einen Verein Berliner Tafeldecker, eine Krankenkasse Deutscher Gastwirtsgehülfen, den Gehülfenausschuß der Gastwirtsinnung und endlich den socialdemokratischen Verein Berliner Gastwirtsgehülfen. Die große Mehrzahl der genannten Vereine ist ohne Zweifel von sehr kleinem Umfang und wohl auch von jugendlichem Alter.

Die sozialdemokratische Bewegung nahm ihren Ausgangspunkt in Hamburg, dem Centralsitze der sozialdemokratischen Fachvereine. Nachdem nicht lange vorher in England im Gefolge des großen Dockarbeiterstrikes (1889) ein Gewerkverein der Kellner gegründet war und unter dem Druck der augenblicklichen Stimmung ohne weiteres die Anerkennung der Prinzipale erhalten hatte, erging Anfang 1890 von Hamburg aus ein sozialdemokratischer Aufruf zur Verschmelzung aller deutschen Kellnerorganisationen. Er fand Anklang, aber keinen Erfolg; vielmehr ging aus diesem Anlauf nur ein neuer Kellnerverein hervor: der Verein der Kellner und Berufsgenossen von Hamburg und Umgegend, der Anfang 1891 400, Juni 1891 schon 750 Mitglieder gezählt haben soll. Ihm folgte noch 1890 die Gründung[1] des schon genannten Vereins Berliner Gastwirtsgehülfen, der schon Ende 1891 fast soviel Mitglieder zählte wie alle andern Berliner Vereine zusammen, aber allerdings zugleich über sehr schlechten Besuch seiner Versammlungen klagte. Im Juli 1892 war er auf 1440 Mitglieder gestiegen, und das Umsichgreifen des sozialdemokratischen Elements wird von den andern Vereinen nicht ohne Sorge verfolgt. Von dem Berliner Verein ging die Gründung des „Gastwirtsgehülfen" aus. Es ist in den letzten Monaten noch ein Dresdener und ein Leipziger Verein hinzugekommen, auch in Mannheim soll die Gründung einer Filiale bevorstehen. Diese Vereine stehen mit den anderen sozialdemokratischen Organisationen in Fühlung, sie waren z. B. auf dem Halberstädter Gewerkschaftskongreß vertreten und forderten dort für sich die Unterstützung der gleichgesinnten Vereine. Sie wird ihnen auch insofern gewährt, als in Berlin und Umgegend mitunter sozialdemokratische Restaurantbesucher den bedienenden Kellner nach seinem Vereinsabzeichen fragen und, wenn dasselbe fehlt, das Trinkgeld verweigern: eine neue Anwendung des sozialdemokratischen Kontrollmarkensystems, die aber gleich diesem ganzen System jetzt in Mißkredit zu fallen scheint.

Die genannten sozialdemokratischen Vereine agitieren für Einschränkung des Trinkgeldes oder vielmehr Aufbesserung des Salairs, sie unterstützen Kranke und vermitteln Stellen kostenlos. Ihre übrigens unbedeutende Zeitung zeichnet sich neben vielem Gehässigen gelegentlich durch ein Maß von Unparteilichkeit aus, das andere Arbeiterblätter nicht immer erreichen. Aber sonst ist an dieser Bewegung nicht viel

---

[1] Eigentlich nicht Neugründung, sondern Umwandlung eines älteren Vereins, des sogenannten Herzbergschen.

zu rühmen. Man braucht nur auf den zuchtlosen Ton der Ebertschen Broschüre und auf ihre Begeisterung der vom edelsten Wohlwollen eingegebenen Schrift des Pfarrers Schmidt zu verweisen, um den Geist zu kennzeichnen, der sich hier breit macht. Erst allmählich durch langjährige gemeinnützige Arbeit können solche Vereine sich auf eine höhere Stufe heben.

Die Wirksamkeit der andern Vereine ist zunächst eine gesellige, daneben die Pflege des Unterstützungswesens, der Stellenvermittlung und der Fachbildung.

1. Das Unterstützungswesen pflegen, soweit mir bekannt, nahezu alle Vereine. Die größeren bevorzugen die Krankenkassen und haben sie zu förmlichen Versicherungen ausgestaltet; die kleinern zahlen nur je nach ihren Mitteln. Invalidenversicherung hatte bis 1891 meines Wissens nur der Sechziger-Verein eingerichtet; er zahlte in jenem Jahre an 3 Invaliden wöchentlich 1, 2 und 3 Mark. Jetzt hat auch der Genfer Verband eine Invaliditätskasse gebildet. Im übrigen bleiben die Kellner auf ihre individuellen Ersparnisse und auf die Reichsversicherung angewiesen;[1] denn die wohlhabenden Wirtsvereine haben, soviel mir bekannt, für das Kassenwesen ihrer Gehülfen wenig gethan.

2. Mehr beteiligen sich die Prinzipalvereine an der Pflege des Fachschulwesens. Es muß an dieser Stelle ein Wort über die Misere gesagt werden, in die das Kellnerlehrlingswesen geraten ist. Obgleich der Kellnerstand erst eine kurze Geschichte besitzt, hatte sich doch bereits die traditionelle Anschauung festgesetzt, daß der Kellner wie jeder Handwerker 3—4 Jahre lernen müsse. Aber die moderne Entwicklung des Fachs: das Eindringen des Kapitalismus und des Großbetriebs, die Gewerbefreiheit, die rapide Zunahme der Betriebe und der Zudrang geringwertiger Elemente, die sich steigernden Ansprüche an einen ausgelernten Wirt, anderseits die auf ein Minimum reduzierten Bildungsansprüche jener Kellner, die auf Etablierung verzichten, endlich die unter dem Stachel der Konkurrenz aufkommende Lehrlingszüchtung haben die Lehrverhältnisse völlig brouilliert. Die Einhaltung der alten Lehrzeit ist zur Seltenheit geworden; in 1—2 Jahren, an Saisonplätzen in 5—6 Monaten ist die Lehre vollendet.

---

[1] Nach dem Socialpolitischen Centralblatt 1892, Nr. 38 unterlassen es etwa 5—6000 von den etwa 22 000 Gast- und Schankwirten Berlins trotz der hohen Strafen, ihre Angestellten gegen Krankheit zu versichern. (Angabe des Kassenvorstands.)

Um möglichst viele dieser billigen Arbeitskräfte anzuziehen, wird schon dem Lehrbursch ein kleines Salair gezahlt, ja es werden ganz ungelernte Kräfte als „Kellner" eingestellt. Die eigentliche Lehrlingszüchtung soll namentlich im Königreich Sachsen blühn, das sich überhaupt durch Ausbeutung der jugendlichen Arbeitskraft hervorthut, aber auch in der Provinz Sachsen, in Schlesien, in Pommern. „In den meisten Fällen," sagt der durch seine eifrigen Reformbestrebungen um das Lehrlingswesen verdiente Hotelbesitzer Eiben, „wird nur auf eigennützige Ausbeutung Bedacht genommen und nach Beendigung der sogenannten Lehrjahre des sogenannten Lehrlings dieser wie eine ausgequetschte Citrone fortgeworfen." „Wie soll in einem Geschäfte in welchem die Zahl der Lehrlinge diejenige der Gehülfen übersteigt, von den jungen Leuten etwas ordentliches gelernt werden? . . . In solchen Geschäften müssen die schwächeren Lehrlinge den stärkeren Gehülfen ersetzen. Das kann aber nur geschehen, indem ihnen überanstrengende Arbeit in ausgedehnterer Arbeitszeit aufgelastet wird." „Wie manches junge und hoffnungsvolle Leben ist so für immer durch unnatürliche Anstrengungen, ungenügenden Schlaf und Erholung geknickt worden! Davon hat man aber keine Statistik; solche würde aber erschreckende Zahlen aufzuweisen haben." „Dann beklage man sich auch ferner nicht über unbrauchbare Gehülfen. . . . Aber man ist im Gasthofswesen schon so daran gewöhnt, da ernten zu wollen, wo man nicht säete, daß man sich auch in das Ungerechteste und Unmotivierteste mit unglaublicher Biegsamkeit ergiebt."

Zugleich konzentriert sich das Lehrlingswesen, wie in andern Gewerbszweigen, die zum Großbetrieb übergehn, mehr und mehr auf die kleineren Betriebe. In Berlin gab es 1875 in Betrieben mit 1—5 Gehülfen neben 655 Gehülfen 86 Lehrlinge, in Betrieben mit mehr als 5 Gehülfen neben 1547 Gehülfen nur 103 Lehrlinge. Ähnlich, nämlich noch unter einem Zehntel, war das Verhältnis von Lehrlingen zu Gehülfen in sämtlichen Berliner Betrieben 1885, während im ganzen Deutschen Reiche 1875 in den kleineren Betrieben die Lehrlingszahl zwischen $\frac{1}{7}$ und $\frac{1}{8}$ (2384 : 17387), in den Betrieben mit mehr als 5 Gehülfen zwischen $\frac{1}{9}$ und $\frac{1}{10}$ (1093 : 10366) der Gehülfenzahl ausmachte.

Die meisten Kellner werden in kleineren, ja geringeren Geschäften herangebildet, so klagt das Organ des Internationalen Vereins der Gasthofbesitzer. Es soll keineswegs geleugnet werden, daß auch in größeren Etablissements eine gute Lehre möglich ist; ich erwähne beispielshalber, daß die Berliner Hotels St. Petersbourg, Kaiserhof und Grand

Hotel de Rome ihren Lehrlingen regelmäßig Sprachunterricht geben lassen. Aber im ganzen wird in der kleineren Gastwirtschaft mehr gelernt, so daß sich nicht unterscheiden läßt, wie weit die große Zahl der Lehrlinge in solchen kleineren Wirtschaften auf lehrlingszüchterischem Mißbrauch oder auf wirklicher Zweckmäßigkeit beruht. Es scheint mir deshalb auch nicht von vornherein[1] verwerflich, wenn wie in Berlin einer kleinen Minorität von Gastwirten, die sich in einer Innung zusammenfindet, die gesetzlichen Privilegien in Bezug auf das Lehrlingswesen ganz oder teilweise gewährt werden.

Da es aber solche privilegierte Innungen nur in beschränktestem Umfange giebt, so müssen die freien Vereine in die Bresche treten. So nimmt der Deutsche Kellnerbund kein Mitglied auf, das sich nicht über zweijährige Lehrzeit ausweist. Der Deutsche Gastwirtsverband hat 1882 obligatorische Lehrkontrakte und Abgangszeugnisse eingeführt, und der Internationale Verein der Gasthofbesitzer ist seit 1887 daran, dasselbe zu thun. Auch die Wiener Gastwirtsgenossenschaft (Innung) ist mit einschneidenden Zwangsmaßnahmen vorgegangen. Dazu kommen die Fachschulen.

Die Berliner Gastwirtsinnung (506 Mitglieder), die auch Gehülfen- und Meisterprüfungen vornimmt, verausgabte nach dem letzten Berliner Statistischen Jahrbuche 1888 für ihre Fachschule 3200 Mark, mehr als irgend eine andere Berliner Innungsschule. Alle 97 Lehrlinge der Innung, sowie 18 Gehülfen besuchten dieselbe. Auch die viel größeren Vereine der Berliner Gast- und der Berliner Weißbierwirte haben eine gemeinsame Fachschule, die vorbildlich geworden ist[2]. Die Wiener Innung[3] hat kürzlich gleichfalls eine Fachschule errichtet, etwa gleichzeitig mit dem Verein Hamburger Gastwirte. Die erstere hatte sich durch einen Erlaß der Schulkommission zu diesem Schritte nötigen lassen, während die Budapester Wirtsgenossenschaft freiwillig eine Schule gründete. Auch in Prag, Graz, Gera, Liegnitz, Hannover bestehen Fachschulen; zum Teil scheinen sie dem

---

[1] Ob de facto die Verhältnisse in Berlin eine solche Zurücksetzung der großen freien Gastwirtsvereinigungen rechtfertigen, vermag ich nicht zu beurteilen.

[2] Vgl. Julius Kühne: Die Fach- und Fortbildungsschule im Gastwirtsgewerbe, herausgegeben im Auftrage des Schulausschusses des Vereins der Berliner Gastwirte und des Vereins der Berliner Weißbierwirte. Berlin 1892. 8°. 68 S.

[3] Vgl. Prof. Heß, Bericht über das erste Schuljahr der fachlichen Fortbildungsschule der Genossenschaft der Wiener Gastwirte. Wien 1892, gr. 8°. 114 S.

Deutschen Gastwirtsverbande ihren Ursprung zu verdanken. Der Verein Dresdener Gastwirte unterhält eine Fachschule schon seit 1876. Während aber diese Schulen wohl alle auf dem Niveau der Fortbildungsschule stehn, hat der Genfer Kellnerverband in Frankfurt a. M. 1890 eine Fachschule für künftige Hoteliers, die erste in Deutschland eröffnet, die nach dem Urteil des Internationalen Vereins der Gasthofbesitzer sich gut bewährt hat. Ihre Mittel empfing sie teils aus einem jährlichen Zuschuß (1000 Mark) des letztgenannten Vereins, teils aus einer kleinen Stiftung des gegenwärtigen Direktors Radunsky, der ihr mit großer Hingebung dient, teils aus anderen Zuwendungen. Die Schüler zahlen monatlich 80 Mark Pension. Die Schülerzahl ist im Sommer viel kleiner als im Winter, war aber im vorletzten Winter auf 10, im letzten auf 23 gestiegen. Es wird jetzt die Verlegung der Schule nach Köln, an den Sitz des Internationalen Gasthofbesitzervereins geplant, der im Begriffe steht, daselbst ein eignes Haus zu erwerben. Die ausländischen Institute dieser Art wurden an früherer Stelle erwähnt. Die schweizerische Abteilung des Genfer Verbands konkurriert jetzt mit der Union Helvetia um die Unterstützung des schweizerischen Hotelliervereins für ihr Fachschulprojekt[1].

Die von Eiben geleitete Bewegung, die in derartigen Fachschulprojekten kulminiert, geht offenbar von der Beobachtung aus, daß die Standesehre und die Fachtüchtigkeit des Standes durch den eindringenden Kapitalismus gefährdet sei. Sie hat mehr den künftigen Prinzipal als den Kellner und mehr den Hotelier als den Restaurateur im Auge. Sie verlangt eine theoretische und praktische Ausbildung des Lehrlings und des Gehülfen, die den künftigen Hotelier vorbereite. Sie beklagt die Einstellung kaufmännischer Kräfte in den großen, arbeitsteilig organisierten modernen Hotels. Sie macht sich vielleicht nicht ganz deutlich, daß binnen kurzem der größere Teil der Gehülfen sich auf lebenslängliche dienende Stellung wird einrichten müssen. Aber ihre Bestrebungen sind nichts destoweniger verdienstlich. Sie müssen nur ergänzt werden durch eine noch viel allgemeinere Pflege der elementaren Lehrlingsbildung, der Kellnerbildung, durch

---

[1] Die sonstigen Bildungsbestrebungen der Vereine, abgesehen von der Belehrung durch die Vereinszeitungen, sind dürftig. Von den mehr als 40 Sektionen des Genfer Verbands waren 1891 nur 9 im Besitz von Bibliotheken, und auch diese sollen vorwiegend aus Liebes- und Schauerromanen sich zusammengesetzt haben. Unterrichtskurse, die der Verband veranstaltete, sind mehrfach an mangelnder Teilnahme gescheitert.

die Vereine und durch die einzelnen Lehrherrn. Das Gesetz wird
hier wenig thun können; die gesetzliche Begrenzung der Lehrlings=
zahl im Verhältnis zur Zahl der Gehülfen des einzelnen Geschäfts,
die auch hier vorgeschlagen worden ist, würde, wie ich glaube, im
Gastwirtsgewerbe zur Umgehung noch leichtere Gelegenheit bieten
als in anderen Gewerben; allenfalls ließe sich vorschreiben, daß kein
Etablissement mehr als zwei oder drei Kellnerlehrlinge beschäftigen
dürfe, ohne Rücksicht auf die Zahl der ausgelernten Gehülfen.

3. Noch sehr im argen liegt das Stellenvermittlungswesen.
Der Kellner wechselt seine Stelle außerordentlich oft, zum Teil wohl
in Rücksicht auf die Trinkgeldchancen, und es wird gesagt, daß die
Neigung zum Wechseln zunehme[1]. Ein großer Teil der Kellner=
stellungen sind nur Saisonstellen, und mit der Verbreitung des
Reisens in die Sommerfrische nimmt diese Zahl zu. Ist das Ver=
hältnis des Kellners zum Hause seines Prinzipals oft ohnehin kein
sehr intimes, so wird es durch dieses Saisonsystem noch gelockert.
Besonders ungünstig wirkt letzteres da, wo zwei Saisons nicht un=
mittelbar an einander schließen, so wenn in der Schweiz die Saison
Ende September schließt, an der Riviera aber oft erst im Dezember
sich belebt. Leider ist die Nachfrage der Wintersaison überhaupt eine
geringere, und der Ausgleich tritt teils dadurch ein, daß Angehörige
fremder Berufe im Sommer aushelfen: Friseure, Schneider, Schuh=
macher, Tagelöhner, selbst Schullehrer (Graubünden), teils bleiben
die gelernten Kellner im Winter arbeitslos. Es ist stark übertrieben,
wenn das socialdemokratische Fachblatt mehr als 10000 Gastwirts=
gehülfen während der längsten Zeit des Jahres ohne Beschäftigung
in Berlin herumirren läßt — hatte doch Berlin 1885 im ganzen
an Gastwirtsgehülfen nur etwa zwei Drittel dieser Zahl —; aber
die Thatsache der Stellenlosigkeit, vornehmlich im Winter, wird
doch auch von vertrauenswürdigerer Seite versichert[2].

Diese häufige Stellenlosigkeit ist nun aber verbunden mit einer
Ausbeutung seitens der Stellenvermittler, wie sie wohl nur in einem
an Trinkgelder gewöhnten Berufe möglich ist. Es ist eine neue An=

---

[1] In Berlin gab es 1875 nach der Berufsstatistik 5146, nach der Gewerbe=
statistik 3760 männliche Gastwirtsgehülfen; in den drei folgenden Jahren zogen
nach Berlin 6623, verließen die Stadt 4932 männliche Gastwirtsgehülfen.

[2] Das Projekt einer Arbeitslosenversicherung für Hotelangestellte wurde
1891 im „Allgemeinen Fremdenblatt" (Chur) und im „Verband" erwogen. Das
letztere Blatt bestand mit Recht darauf, daß die Versicherung in den Händen
der Gehülfen liegen und von den Prinzipalen nur unterstützt werden solle.

wendung des allgemeinen Schmiersystems. Die schlimmsten Aussauger sind die privaten Kommissionäre. Sie sind, wie wohl überhaupt die berufsmäßige Stellenvermittlung, eine ziemlich neue Erscheinung; in Berlin sollen sie beispielsweise erst um das Jahr 1870 aufgekommen sein. Ihr Hauptgebiet sind augenscheinlich die gutbezahlten Stellen des Hotelfachs, weil deren Bewerber am meisten zahlen können; aber von hier aus scheint sich das Unwesen sehr weit verbreitet zu haben, nötigenfalls unter Pfändung der Uhr und anderer Wertgegenstände oder der Legitimationspapiere und mit der Pflicht langwieriger Ratenzahlungen: Beteiligung des Kommissionärs an dem künftigen Trinkgeldsegen. Ebert erzählt von einem Kellner, der für eine Stellung von 36 Mark Monatslohn dem Kommissionär zahlen sollte: 20 Mark zu Anfang, je 15 Mark nach 90 und 180 Tagen und noch 25 Mark nach 365 Tagen. Die Courtage beträgt nach Ebert im Durchschnitt 20–30 Mark, jedenfalls nicht unter 10 Mark, nicht selten 100 und mehr Mark, und was mir sonst bekannt geworden ist, paßt zu dieser Angabe. Ein Schweizer Kommissionär nahm für drei Oberkellnerstellen je 100 fr. Courtage, und es kam vor, daß er telegraphische Vorausbezahlung der 100 fr. verlangte und erhielt, worauf dann die Stelle nach wenigen Wochen sich als ungeeignet erwiesen haben soll. Der Kellner tritt mitunter in ein dauerndes Abhängigkeitsverhältnis zum Kommissionär; betritt der Kommissionär das Gastlokal, so muß der Klient ihn freihalten, schon aus Besorgnis, derselbe könnte den Wirt zu einem — für den Kommissionär immer lukrativen — Wechsel des Personals überreden[1].

Wenn das Unwesen nicht so schlimm geartet ist wie in der Stellenvermittlung für Kellnerinnen, so ist das in erster Linie dem Vorgehen der Vereine zu danken. Der Internationale Verein der Gasthofbesitzer hat schon seit 1869 für Hotelangestellte, die sich dem System der Führungslisten unterwerfen, einen Arbeitsnachweis eingerichtet, der für die Arbeitsuchenden kostenlos ist. Bei ihm betrug die Zahl der

	Stellenangebote	Stellengesuche
1889	1533	4731
1890	2139	6453
1892, 1. Jan. bis 20. Sept.	3191	8137

---

[1] Über die nordamerikanischen „Kellnerkneipen", die das Placieren von Lohnkellnern mit raffinierter Bosheit betreiben, vgl. „Verband" vom 10. März 1892. Ähnliches kommt auch in Deutschland vor, da viele Stellenvermittler Gastwirtschaft betreiben.

Ein „Offertenblatt", das von diesem Vereine in neuerer Zeit wöchentlich herausgegeben wird, dürfte in diesem Augenblicke schon die Auflage von 2500 erreicht haben. Leider ist, wie die Zahlen zeigen, die Beteiligung der Prinzipale viel zu gering. Der Schweizer Hotelier=Verein treibt neuerdings gleichfalls eine fast unentgeltliche Stellenvermittlung. Auch andere Wirtsvereine haben Stellenvermittlungsbüreaus mit relativ mäßigen Gebühren errichtet, so die Berliner und Hamburger Gastwirtsvereine; die Erträge kommen an beiden Orten der Fachschule zu gute. Die Berliner Innung placiert gratis (1888: 570 Stellen nachgewiesen). Von den Gehülfenvereinen sind besonders der Genfer Verband, der Verband Deutscher Gasthofsgehülfen, der Deutsche Kellnerbund und die socialdemokratischen Vereine zu nennen. Die letzteren placieren gratis, scheinen aber ihre Wirksamkeit wesentlich auf Lohnkellner zu beschränken, die den Kommissionären sonst jedesmal 50 Pfg. bis 1 Mark zahlen müssen. Sie klagen übrigens über mangelhaften Zuspruch seitens der Wirte[1]; daneben halten sie den anderen Vereinsbureaus vor, daß nur absolute Unentgeltlichkeit gegen Bestechung des Vermittlers einigermaßen schütze. Dem gegenüber wird es mir gerade als zweckmäßig bezeichnet, den Vermittler am Erfolge seiner Thätigkeit zu interessieren; der Verwalter des Vermittlungsbüreaus dürfe nur von Prozentanteilen etwa der ersten sechs Monatslöhne der von ihm placierten Gehülfen leben; er sei dadurch zugleich für gute Löhne und für nicht allzu kurze Stellungen interessiert, auch werde der mit Barmitteln versehene Bewerber nicht bevorzugt. Die anderen Gehülfenvereine haben teilweise keine eignen Bureaus, sondern treffen ein Abkommen mit privaten Kommissionären. Dabei haben sie trotz der Gebühren nicht unerhebliche Auslagen. So zahlte der Genfer Verband für diesen Posten 1881—1884 31 387 Mark, 1885—1887 14 294 Mark, 1888—1890 12 377 Mark. Die Stellung des Kommissionärs kann dabei eine verschiedene sein. Der Verband Deutscher Gasthofsgehülfen stellte früher seine Kommissionäre („Bureauchefs") im wesentlichen auf Gehalt und räumte ihnen daneben einen Anteil an den Gebühren ein. Da dies ihn aber zu viel kostete, verzichtet er jetzt auf die Gebühren ganz und zahlt dafür nur ein minimales Gehalt, etwa 10 Mark monatlich, wofür der

---

[1] Der Hamburger Verein placierte 1. Mai bis 1. August 1892 392 Gehülfen in dauernde Stellen, darunter 201 Kellner: und 2862 Aushülfsarbeiter, wovon 2570 Kellner. Der Berliner Verein hat etwas kleinere Zahlen, namentlich für feste Stellen; er rühmt sich aber, wenigstens in einem größeren Restaurant die Lohn= und Arbeitsverhältnisse bedeutend gebessert zu haben.

Bureauchef die Verpflichtung auf sich nimmt, die jeweilig vorgemerkten Bewerber in ihrer Reihenfolge in erster Linie zu berücksichtigen und den vom Verband vorgeschriebenen Gebührentarif einzuhalten. Trotz dieser Änderung werden diese Bureaus nur wenig benutzt, und eine Anzahl Bureaus sind sogar unter dem neuen System eingegangen. Reformvorschläge, Herabsetzung der Gebühr auf 3 Mark für Mitglieder, und andere sind augenblicklich im Fluß. In diesem Zustande der Zersplitterung befindet sich gegenwärtig das Stellenvermittlungswesen. Versuche verschiedener Vereine, sich zu gemeinsamen Veranstaltungen zu verbinden, sind wiederholt gemacht worden, haben aber meines Wissens nirgends zum Ergebnis geführt. Eine Illustration dieser Lage geben die Berliner Verhältnisse. 14 Berliner Vereinsbureaus sollen sich vorzugsweise mit der Placierung von Kellnern beschäftigen, neben 24 bekannten Kommissionären, die fast nur von Kellnern leben, „ungerechnet die dunkeln Existenzen, deren Zahl zahllos ist." Es soll übrigens auch Kellnervereine geben, die nur dem Erwerbssinn der von ihnen angestellten „Bureauchefs" als Feigenblatt dienen.

4. Neben diesen vielseitigen Bethätigungen haben die Kellnervereine einer Aufgabe fast niemals gedient: dem Strike. Sie sind im Unterschiede von der großen Mehrzahl der Arbeiterfachvereine keine sociétés de résistance, und der Strike ist überhaupt im Kellnerstande nicht heimisch; es liegt das wesentlich an dem oben berührten Charakter der Vereine. Die neuen socialdemokratischen Vereine aber, die noch am ehesten Proletariervereine sind, rekrutieren sich vorwiegend aus der niederen Schicht des Kellnerstandes, die zum Strike untauglich ist, weil sie im Notfalle durch ungelernte Arbeiter ersetzt werden kann. Servieren doch in Berliner Restaurants am Sonntag nicht selten Hausdiener, Handwerker, Postbeamte. Strikes wie der im letzten Frühjahr in Hamburger Restaurants ausgebrochene sind eine Seltenheit. Der Kellner ist fast nur durch die Konkurrenz zwischen den Prinzipalen vor Chicane geschützt, und auch dieser Schutz versagt mitunter. Wenigstens klagt der „Gastwirtsgehülfe" über den Gebrauch schwarzer Listen[1]. Auch im „Verband" ist von geheimen Zeichen in den Entlassungszeugnissen die Rede, und der Internationale Verein der Gasthofbesitzer hält seine Mitglieder statutarisch an, „grobe Vergehen, vor Allem Unehrlichkeit und Kontraktbruch" ihrer Angestellten dem Kölner Bureau mitzuteilen. Der im

---

[1] Vgl. den Artikel „Moderne Zuchthäuser und Vehmgerichte", 7. Juli 1892.

Hotelfach ohnehin übliche Zeugniszwang wird von demselben Verein durch Verbreitung von Zeugnisbüchern gepflegt und durch Einforderung von Duplikaten sämtlicher Zeugnisse verschärft. Die Abhängigkeit der Kellner geht so weit, daß z. B. der Verein Berliner Gasthofs= besitzer in seinen „Anstellungsverträgen" für den Prinzipal die Kün= digungsfrist einseitig ausschließen und die Gehülfen zwingen kann, „sich jeder gerichtlichen und außergerichtlichen Einwendung zu begeben." Wenn im Auslande, namentlich in Amerika die Strikes häufiger sind, so halte ich das für eine Folge der dort fehlenden oder stark eingeschränkten Trinkgeldsitte, die die gute Kamerad= schaft zwischen den Kellnern gefährdet. Man findet beispielsweise im achten Jahresbericht des arbeitsstatistischen Bureaus von New=York eine stattliche Zahl von Strikes oder durch angedrohten Strike errungener Erfolge der Kellnervereinigungen verzeichnet. Und diese Erfolge sind teil= weise sehr ansehnlich; so gelang es 1885—87 einem New=Yorker Kellner= verein, die Arbeitszeit von 18—20 auf 10 Stunden zu reduzieren (Einführung des Schichtwechsels), bei gleichzeitiger Steigerung des Tagesgehalts von 2 auf 2½ Dollars. Der Zehnstundentag ist unter den amerikanischen Kellnern überhaupt ein beliebter Strikepreis. In anderen Fällen handelt es sich um Anerkennung eines Fachvereins, so in dem vorjährigen Brüsseler Strike, wo außerdem Kürzung der Arbeitszeit, Beseitigung einer Abgabe (des Schürzengeldes) und der Pflicht, das Lokal rein halten zu lassen, sowie, als Corollar der Menschenrechte, „Bartfreiheit" gefordert wurde.

Es mögen hier einige kurze Bemerkungen über das Vereins= wesen im Auslande eingefügt werden, soweit es sich nicht um Filialen der deutschen Organisationen handelt. Außerordentlich zahl= reich und zersplittert scheinen die Vereine in der amerikanischen Union zu sein. Eine wie es scheint unlängst gegründete German Waiters Union mit dem Waiters Journal ist socialdemokratisch. Auch auf dem internationalen Brüsseler Socialistenkongresse (1891) waren die amerikanischen Kellner durch einen Herrn Sanial ver= treten, der bei dieser Gelegenheit in Paris und Belgien für einen internationalen Kellnerbund agitierte. Des jungen englischen Gewerkvereins der Kellner gedachte ich schon. In Frankreich und Belgien ist die Vereinsbildung älter und scheint sich vorwiegend auf Unterstützungszwecke zu richten. Die seit 1858 in Paris bestehende Société de secours mutuel des sommeliers d'hôtel verlangt von ihren Mitgliedern ordentlichen Lebenswandel und zahlt Kranken= und Sterbegelder, weist ferner unentgeltlich Arbeit nach und gewährt neuerdings nach 25 jähriger Mitgliedschaft eine Altersrente von 150 fr. Unter den Namen L'Etoile wurde 1865 ein Unterstützungsverein in Brüssel und einer in Paris (société de secours mutuel des garçons restaurateurs et limonadiers de Paris) gegründet; jener hat etwa 100, dieser 3300 Mitglieder; er schließt religiöse und politische Bestrebungen aus und gewährt ähnliche Vorteile wie die Gesellschaft von 1858, Altersversorgung von 30—600 fr., auch Witwen- und Waisenversorgung. Im ganzen hatte Frankreich 1891[1] im Schankgewerbe 28 Arbeitgeber-, 19 Arbeiter- und 6 gemischte Vereine; im Jahre vorher waren mindestens 4500 Kellner neben 1200 Köchen und 1000 Hausdienern organisiert. Ein Verein schweizerischer Hotelangestellter, Union Helvetia, mit gleichnamiger Zeitung, hat seine Mitgliedschaften über alle Länder verbreitet.

Noch weniger als diese ausländischen werden die deutschen Kellnervereine sich in absehbarer Zeit zu Strikeverbänden entwickeln können; sie werden hierin ihre Force niemals haben, solange ihnen die Vorbedingungen fehlen: schroffe Standesscheidung zwischen Prinzipalen und Gehülfen, kurze Arbeitszeit, die dem Vereinsleben Raum läßt, und annähernd gleichmäßige Arbeitsbedingungen. Wohl aber können sie in anderer Weise die Sonderinteressen des Gehülfenstands schon jetzt vertreten, und werden das um so energischer thun, je weiter die Standesscheidung zwischen Prinzipalen und Kellnern fortschreitet. Sie befinden sich in sehr ähnlicher Lage wie die Vereine der Handlungsgehülfen, und werden voraussichtlich gleich diesen in nächster Zeit den Accent ihrer Wirksamkeit — neben Bestrebungen der Selbsthülfe, deren Gebiet vom Staate immer enger eingegrenzt wird, — auf die „öffentliche Interessenvertretung" legen, d. h. sie werden auf die Gesetzgebung einzuwirken suchen. Anfänge dieser Art liegen aus den letzten Jahren schon vor, und zwar hauptsächlich nach zwei Richtungen, die Erfolg versprechen, nämlich: 1) Kampf um den Maximalarbeitstag, und 2) Kampf um die Sonntagsruhe. Die Agitation in den Vereinen datiert seit drei Jahren, d. h. etwa seit den bekannten socialpolitischen Erlassen des Kaisers, die dem Kanzlerwechsel vorangingen; sie fand hauptsächlich in einer an die gesetzgebenden Faktoren des Reichs gerichteten Petition ihren Ausdruck, der sog. Kaiserpetition (1890), bei der die großen führenden Vereine zusammenwirkten, und die zugleich noch einige fernere Wünsche aussprach.

---

[1] Vgl. v. d. Osten in Schmollers Jahrbuch XVI 272, XV 1112.

In Bezug auf den Maximalarbeitstag sind die Ansprüche nicht unbescheiden; so wird gelegentlich eine neunstündige Ruhezeit, d. h. ein 15 stündiger Maximalarbeitstag gefordert, wohl in Anlehnung an einen schweizerischen Paragraphen. Für die Lehrlinge bis zum 16. Jahre wird Anwendung der allgemeinen Arbeiterschutzbestimmungen gefordert, d. h. zehnstündiger Maximalarbeitstag, was vielleicht etwas zu weit geht. Im Princip sind beide Wünsche vollauf berechtigt, und es muß beklagt werden, daß dieser Punkt in der Agitation jetzt zurückgetreten ist. Die Beteiligten scheinen nicht zu wissen, daß durch § 120 e des Arbeiterschutzgesetzes von 1891 der Bundesrat die Befugnis bekommen hat, auch für das Gastwirtsgewerbe aus Gesundheitsrücksichten eine Maximalarbeitszeit vorzuschreiben. Diese Regelung ist also jetzt ohne neues Gesetz, d. h. ohne Zustimmung des Reichstags möglich, und das ist von Wichtigkeit. Ich habe im Eingang dieses Aufsatzes schon gesagt, inwieweit der preußische Handelsminister ein derartiges Vorgehn in Aussicht gestellt hat.

Die Sonntagsruhe oder an ihrer Stelle ein anderer regelmäßiger Ruhetag ist nicht minder berechtigt, aber sie kann, wie ich Eingangs auseinandersetzte, nur mit Zustimmung des Reichstags angeordnet werden, und das ist bei dem Einfluß zahlreicher Wirte auf die Reichstagswahlen schlimm. Es muß ferner auch anerkannt werden, daß eine erhebliche sachliche Schwierigkeit vorliegt: die kleinen Wirte, die nur einen Kellner beschäftigen, können in kleineren Orten, die wenig Lohnkellner haben, ihren Mann nicht leicht für einen ganzen Tag entbehren, am wenigsten Sonntags. Vielleicht läßt sich eine Auskunft dahin treffen, daß diese kleinsten Wirte keinen vollen Tag freizugeben brauchen, daß sie aber für diese Vergünstigung eine Gebühr zahlen, und diese Gebühren können verwendet werden, um den größeren Wirten des Orts die Besoldung von Aushülfskellnern an den Ruhetagen zu erleichtern.

An der bindenden Zusage, die der Handelsminister in Bezug auf die Sonntagsruhe gegeben hat, und an ihrer Zuverlässigkeit ist nicht zu zweifeln. Man muß den zu erwartenden Widerstand nicht bei der Regierung suchen. Der Handelsminister hat auch seine Zusage erneut, als er im Oktober dieses Jahres eine Deputation von Kellnern empfing. Diese Deputation war in einer öffentlichen Berliner Kellnerversammlung gewählt worden, die von den Berliner Kellnervereinen aller Richtungen berufen war. Sie wiederholte die Forderungen des früher erwähnten Stolleschen Antrags mit der Modifikation, daß der wöchentliche Ruhetag nicht alle 4, sondern schon alle 2 Wochen auf einen Sonntag fallen solle, und teilte zugleich zur Befriedigung des Ministers mit, daß die Kellnervereine damit umgingen, das Gesetz mit einer umfassenden statistischen Erhebung vorzubereiten. Diese Enquete soll, wie ich höre, alsbald n Angriff genommen werden und wird hoffentlich die strengste Objektivität wahren. Sie ist ein dringendes Bedürfnis, wie die Lückenhaftigkeit meiner eignen Mitteilungen gezeigt haben wird. Ich vermute, daß die neugeschaffene arbeitsstatistische Reichskommission, die jetzt die Verhältnisse der Bäcker, Müller und Handlungsgehülfen untersucht, durch Stichproben die Zuverlässigkeit jener Erhebung kontrollieren wird.

So öffnet sich den Kellnervereinigungen ein weites Arbeitsgebiet; denn dieser Erhebung werden andere folgen, und diese gemeinsame Arbeit kann vielleicht zu einer Verschmelzung der vielzersplitterten und durch ihre Zersplitterung geschwächten Vereine führen, die schließlich doch nur eine Frage der Zeit ist. Das Aufblühen des Vereinswesens kann jeder Freund des Kellnerstandes nur mit Freude begrüßen, und nur die Kurzsichtigkeit kann an den unerfreulichen Begleiterscheinungen Anstoß nehmen, die hie und da an den noch jungen Vereinen hervortreten. Ohne ein blühendes Vereinswesen, ohne Gemeinschaftspflege keine nachhaltige Hebung des Standes und keine Pflege der Standesehre; das gilt für den Kellnerstand nicht weniger wie für den Wirts- und für alle andern Stände.

Verzeichnis der benutzten Literatur.

Stenographischer Bericht über die Verhandlungen des Reichs=
tags, 8. Legislaturperiode, 1. Session (1890—92), Band 3, S. 1610 ff., 2157 ff.
Statistik des Deutschen Reichs, herausgegeben vom Kaiserlichen
Statistischen Amt. Band 34, 35 (Gewerbezählung 1875). Neue Folge, Band 2—4
(Berufszählung 1882), Band 6, 7 (Gewerbestatistik 1882). Hierzu die neueren
bevölkerungsstatistischen Veröffentlichungen des Statistischen Amts der Stadt Berlin.

Hermann Schmidt, Pfarrer in Cannes: Kellners Weh und Wohl
oder ein Blick in die Kellnerwelt und das Kellnerleben. Eine sociale Studie.
3., verbesserte und vermehrte Auflage. Basel 1891, Reich. Kl.=8°. 63 S.

L. Ebert und R. Hoffmeyer, Kellner: Das Trinkgeld und die wirt=
schaftliche Lage der Kellner und Berufsgenossen. Eine Aufklärungs=, Agitations=
und Antwortsschrift zu der vom Pfarrer Schmidt herausgegebenen Broschüre:
Des Kellners Weh und Wohl. Berlin 1892, Harnisch in Komm. 8°. 48 S.

Max Schippel: Die Lage der großstädtischen Kellner. Neue Zeit, 9. Jahr=
gang (1890/91), Nr. 30. 31. Stuttgart, Dietz.

Dr. jur. Gustav Freudenstein zu Minden: Die Standesverhältnisse
der im Gastwirtschaftsbetriebe Angestellten nach deutschem Recht. (Blühers
Kollektion der Hotel=Litteratur, Band 6). Leipzig 1888, Blüher. 8°. 22 S.

Eduard Guyer: Betrachtungen über das Vereinswesen der Gasthof=
industrie. Den Gastwirten der Schweiz gewidmet. Separatabdruck aus der
„Alpenpost". Zürich 1875. 4°. 13 S.

Dr. Rudolf v. Jhering, Geh. Justizrat, Professor: Das Trinkgeld.
3. vermehrte Aufl. Braunschweig 1889, Westermann. Kl.=8°. 83 S.

J. Albrecht: Unser Standpunkt zur Trinkgeldfrage. Herausgegeben durch
die Vereinigung zur Bekämpfung des Trinkgeldwesens. Frankfurt a. M. 1883,
Detloff in Komm. 8°. 56 S.

Karl Szommerecker, Sekretär des Budapester Kellnervereins: Lohn
oder Trinkgeld? Eine zeitgemäße Erörterung der von dem Oberkellner J. Albrecht
aufgeworfenen „Trinkgeldfrage". Den Angehörigen des Gastwirt= und Kellner=
standes gewidmet. 1883. Selbstverlag.

Zweite Flugschrift der Vereinigung zur Bekämpfung des Trinkgeld=
wesens im Gastwirtschaftsgewerbe. Karlsruhe 1885, Friedr. Gutsch in Komm.
8°. 67 S.

Gegen das Trinkgeld! Hoteltarif. Alphabetisches Verzeichnis von
Gasthäusern 2c., herausgegeben vom Berliner Verkehrsverein. Berlin (1887),
Kießling. 16°. 70 S.

Reisende, Gastwirte und Trinkgelder. Eine gesellschaftliche und volkswirtschaftliche Studie von einem europäischen [Handlungs-] Reisenden. Zürich, Cäsar Schmidt. 8°. 91 S.

Das Trinkgeld ein Krebsschaden der Gastwirtschaftsindustrie und seine Beseitigung, ein Mittel zur Hebung des Kellnerstandes, von einem erfahrenen Gastwirt. Breslau 1888, Felder. 12°. 32 S.

Protokolle der Sitzungen der Kommission zur Beratung der Trinkgelderfrage am 27. Mai 1891 und am 7. Dezember 1891 zu Köln. Vertraulich[1]. 8°. 52 S.

Georg Eiben: Die Lehrlingsfrage in der Gasthausindustrie. Beitrag eines Fachgenossen zur Lösung der socialen Frage. Leipzig 1885, Blüher. Kl.-8°. 24 S.

Derselbe: Die gasthofindustrielle Lehre. Handbuch für Lehrlinge und Beflissene des Gasthofwesens. (Blühers Kollektion der Hotel-Litteratur, Band 8.) Leipzig 1888, Blüher in Komm. 8°. 47 S.

Derselbe: Die gasthofindustrielle Berufsausbildung im allgemeinen und die Lehrlingsausbildung im besondern. Theoretischer Leitfaden für das Ausbildungswesen in der Gasthofindustrie. 2. Auflage. (Blühers Kollektion der Hotel-Litteratur, Band 10). Leipzig 1889, Blüher. 8°. 88 S.

Adolf Fr. Heß, Prof. an der Wiener Handelsschule: Statut und Lehrplan einer fachlichen Fortbildungsschule für Lehrlinge der Gastwirte in Wien. Wien 1889, Stockinger & Morsack. 8°. 26 S.

A. Oskar Klaußmann: Memoiren eines Kellners. Berlin, Eckstein. Kl.-8°. 123 S.

Emil Frommel: Aus einem Kellnerleben. 4. Aufl. Hamburg, Agentur des Rauhen Hauses. 12°. 84 S.

Restaurant-Hotel-Revue. Zeitschrift über Gasthausgewerbe und Kochkunst. Organ des Deutschen Kellnerbunds. Leipzig. Erscheint seit 1878. Wochenschrift.

Verband (L'Union). Internationale Fachzeitschrift für Hotel-Industrie und Kochkunst. Officielles Organ und Eigentum des Genfer Verbandes: Verband Deutscher Gasthofsgehülfen, International Hotel Employés Society of Great Britain (Geneva Union), Verein der Hotelangestellten in der Schweiz, Société des Employés d'hôtels en France et Italie, „La Genevoise", Société des Employés d'hôtels en Belgique et Hollande. Basel. Wochenschrift. Erscheint seit 1877.

Der Gastwirtsgehülfe. Organ zur Wahrung und Förderung der Interessen der Angestellten im Gastwirtsgewerbe Deutschlands. Offizielles Organ des Vereins Berliner Gastwirtsgehülfen, des Vereins Dresdner Gastwirtsgehülfen und des Vereins der Kellner und Berufsgenossen von Hamburg und Umgegend. Berlin. Erscheint seit 1890. Wochenschrift.

Wochenschrift des Internationalen Vereins der Gasthofbesitzer. Köln. Erscheint seit 1869.

---

[1] Herr Hotelbesitzer Otto Hoyer in Aachen, Präsident des Internationalen Vereins der Gasthofbesitzer, hatte die Güte, mich zur Benutzung dieser Protokolle zu autorisieren.

Printed by Libri Plureos GmbH
in Hamburg, Germany